数字赋能

数字时代的企业创新逻辑

苏钟海 著

浙江大学出版社

图书在版编目（CIP）数据

数字赋能：数字时代的企业创新逻辑/苏钟海著
.—杭州：浙江大学出版社，2022.4
ISBN 978-7-308-22362-1

Ⅰ.①数… Ⅱ.①苏… Ⅲ.①数字技术－影响－企业创新－研究 Ⅳ.①F273.1

中国版本图书馆CIP数据核字(2022)第032228号

数字赋能：数字时代的企业创新逻辑

苏钟海 著

责任编辑	顾 翔
责任校对	陈 欣
封面设计	VIOLET
出版发行	浙江大学出版社
	（杭州市天目山路148号 邮政编码 310007）
	（网址：http://www.zjupress.com）
排 版	杭州林智广告有限公司
印 刷	杭州钱江彩色印务有限公司
开 本	710mm×1000mm 1/16
印 张	16.5
字 数	220千
版印次	2022年4月第1版 2022年4月第1次印刷
书 号	ISBN 978-7-308-22362-1
定 价	58.00元

版权所有 翻印必究 印装差错 负责调换

浙江大学出版社市场运营中心联系方式：0571-88925591；http://zjdxcbs.tmall.com

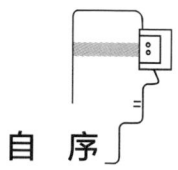

自 序

在中国经济发展的奇迹史上，诸多企业管理实践无法被西方经典管理理论所解释，中国管理学学者开始反思并倡议"面向本土管理实践构建本土管理理论"。正是在这样的背景之下，本土管理学研究迎来了春天，学者们在极短的时间内提出了大量管理学领域从未出现过的新鲜概念，造就了当下中国本土管理学的兴盛和繁荣。在为本土管理学取得如此迅猛的发展而惊喜和激动之余，很多学者也在担忧本土管理学的发展过于激进，很多管理新概念在提出之后就没有了下文，以致这些新鲜概念有如昙花一现，其提出者也身陷追逐热点的指责中。管理学研究面向国家重大需求和社会热点问题是对的，但浅尝辄止决然不会得出任何深刻的答案，也有悖学者的严谨与责任担当。

2018年的春天，我在读硕士研究生期间写作的第一篇文章有幸被《管理科学》期刊录用，碰巧踩到了"数据赋能"这个点，也就稀里糊涂地进入了这个领域。坦诚地讲，"数据赋能"这个概念同样扎根、孕育并生长于中国本土管理学研究最疯狂的造词年代，对于无意识地提出这个概念，我常常惶恐不已：我既不想沦为追逐热点的学生，但又无力使它圆满。由此，

I

我有了写一本书的想法，如何能够让这个概念落地生根形成一个完整的体系，成为我后续几年时间里的主要工作之一。如今完成此稿已近四年之久，很幸运，这一份苦心算是得到了一点慰藉。

数据赋能还是数字赋能？

当我把此书稿的初稿呈交给我的博导——魏江教授指导时，魏老师给我提了第一个问题："究竟是数据赋能还是数字赋能？"这不是这个概念第一次遭遇这样的疑问，从相关文章评审到硕士毕业论文答辩，再到博士申请答辩，质疑的声音从未间断，尽管我可以将其内涵阐释得清楚明了，但却无法赋予它一个恰如其分的姓名，直到魏老师为我剖析："数据作为一种生产要素，就如同土地，并不具备作用于他物的功能，而基于这种资源的工具或者手段可以，所以是不是数字赋能更妥帖，你去琢磨。"

我在反省：信息技术的赋能影响被 Leong 等（2015）分为结构赋能、资源赋能和心理赋能，后续周文辉等（2018）也直接指出数据赋能是赋能范畴下资源赋能的核心，这些内容在其文稿中都有清晰的表述。而在我所有关于数据赋能的研究中，我一直致力于将其概述为创新数据运用的场景、工具和方法实现数据价值的过程，不仅要强调数据资源，更要强调数据资源运用的场景、工具和方法，参照前述学者们的观点，数据赋能或许恰如诸多疑问所言，并不能完全地概括我所要表达的意思。对于造成同一概念不同学者之间的分歧，我想这不是我的本意。故此，我愿意在此将"数据赋能"更替为"数字赋能"，并不是否定过去的自我努力，而只是冠之以更恰当的名称，使其获得受众的合法性。

感恩吾师，这是老师的智慧，也是我的幸运！

最后要说明，本书大部分内容都由我已经发表的文章整理而来，为了提高文章的可读性，以及更好地突出实践这一重点，本书删除了原文中很多理论回顾和理论探讨的内容，保留并极大程度上调整了案例研究及其结论的陈述，感兴趣的朋友可根据相关检索提示查阅全文。由于知识的浅薄，我个人也在不断学习、探索，我深知本书在很多方面都存在局限，尤其是我个人前期的企业实践数据更多地来源于制造企业，这使得我个人的相关研究和论述自觉地靠向了这个方向，而数字赋能对其他领域的重要影响同样不可忽视。此外，我所掌握的数据基本上都是质性数据，并且我本人并不擅长对大样本进行实证分析，这使我对数字赋能的研究在这些方面形成了一定缺憾。或许随着知识和经历的增长以及更多研究方法和工具的掌握，我可以在未来继续深化这个概念的相关研究。

四年，我用这一书稿为数字赋能这个新概念画上一个阶段性的句号，也用这一书稿时刻警醒自己：做一个负责任的研究者！

苏钟海

2021 年 8 月 23 日于浙大紫金港

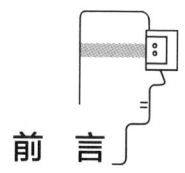

前言

数字赋能的必要性

出于不同目的，这个时代被不同的群体称为智能时代、互联网时代、云时代、数字时代……且不论这些称呼是基于何种目的诞生，这个时代总归有它不同于以往的特征，并且这些特征互相交织，从底层瓦解了过去旧时代所奠定的诸多规则、制度、观念和概念，当然也正塑造出一个新的时代来！

无可置否的是，数据广泛而深入的运用是这个时代一个重要的特征。大数据正以风驰电掣的速度席卷这个时代的一切，包括经济、政治、文化和整个社会的形态，展示人类社会未来极其光辉灿烂的广阔前景。而就企业经营管理而言，数字化正在重塑我们的生产、工作和思维方式，也正在更新我们的管理理念，这是一个极其严峻的挑战，同时也是产业调整、效率提高等千载难逢的机遇。在经济发展的不同阶段，或许是出于技术的进步，不同的生产要素对企业增长的解释能力在不断发生演化。在数字时代，越来越多的管理学学者和企业实践者渐渐地达成这样的共识：数据已经成为数字时代继土地、劳动力、资本、管理（通常也被认为是企业家才能）后的第五种生产要素。[1]但是数据本身也像其他生产要素一样，它不会自发地参与生产经营及管理，为企业带来价值。这不禁让我们思考：处在数字时代的企业应该具备什么样的思维以及什么样的能力，才能获得潜藏在数据之中的无尽价值？

或许，对于进一步理解和解释这个时代，我们是时候创造一些新的概念了，比如数字赋能。毕竟，这种必要性十分明显：互联网信息技术的发展，尤其是传感技术、虚拟技术、自动化技术、数据存储和分析技术、人工智能、机器学习技术等，让我们对环境变化的感知以及思维方式和反应行为都实现了数据化。某种程度而言，"万物皆数"在数字时代是一个无法回避的事实。基于此，数据及数字技术的嵌入，为经济增长的斯密动力和熊彼特动力注入了新的强劲力量，通过极大程度地平滑交易成本，企业增长的规模经济和范围经济边界被推向了另一个高度，同时基于数字技术产生的速度经济成为企业竞争优势的重要来源之一。发展一个新的、恰当的概念来对这个时代的经济现象、企业行为进行解释甚至是预测，是十分必要的。

此外，经济发展进入新的阶段（创新驱动发展），数据及数字技术的浪潮席卷而来，全球各个国家和地区的企业站在同一起跑线上，在数字化的浪潮之下，基于中国企业创新实践的研究可以为世界贡献怎样的创新理论？当将数据及数字技术的影响扩散至企业层面，企业的管理理念、战略、设计、制造、营销、组织、会计甚至其与外部企业组织的协同等需要做出怎样的适切性调整？总之，一套成体系的新的企业运行机制不可或

---

[1] 2020年3月30日，中共中央、国务院文件《关于构建更加完善的要素市场化配置体制机制的意见》已经明确将数据纳入基本生产要素。

前　言

缺，这与经济增长进入不同阶段，需要不同的制度安排是同样的道理。

万事万物都有自己演进的规律，外界介入只会改变这个演进进程中的条件，进而使结果在形态上呈现差异。在企业管理过程中，无论是管人还是管事抑或管物，其最直接也是最根本的对象都是数据，而数据运用的思维、技能和方法差异作为管理过程的可变条件，最终必然会导致不同的管理成效。中国作为世界制造大国以及第一网民大国，基于物联网和网民丰富多彩的网络生活产生了海量数据，如何从数据大国转变成为数据强国成为我国数字产业发展以及传统产业的数字化发展之关键，当然也为企业基于数据进行创新创造提供了前所未有的机遇。

今天，我们相信：数据使我们强大！

智能机器人医生在千千万万的病例数据库中学习，进而可以辅助医生对病人进行精确而及时的诊疗；依赖数据存储和技术分享，处在教育资源匮乏地区的孩子也有机会得到更好的教育资源；智慧交通管家可以根据城市交通的状况，实时地发出交通疏导指示，调整各个路口红绿灯的时长以最大限度地缓解交通拥堵状况；生产制造商从海量数据中获取不同地区、不同年份、不同季节下消费者对产品外观（颜色、款式）的偏好、对功能的新诉求等信息，进而实现精准研发、生产、营销，尽可能地降低交易成本，让消费者以更低的价格获得更优质的产品和服务……

深入理解这些现象的背后，我们发现，数据作为一种新兴的战略资源要素，在解释企业经营差异上的重要影响正随着数字技术的深入发展而逐渐加深，这对管理学的发展而言不仅仅是新鲜的现象，更极有可能孕育着一个新的理论，或许是对传统解释企业竞争优势诸多理论的补充或者完善抑或是颠覆。总之，不管如何，向前迈进一步十分值得尝试！

这里引用钱德拉塞卡[1]经常给他学生讲起的一个故事:

  清晨,一个送奶人推着自己的推车去送奶,不幸的是推车撞到了马路上的一块石头,导致所有的牛奶都倾倒了出来,送奶人自然很狼狈,对着石头骂了又骂,然后就走开了。随后,一个母亲领着自己的儿子上学,男孩绊倒在石头上受伤了,因而大哭起来。这位母亲咒骂着那块石头,领着自己的孩子继续前进了。整个早晨就这样继续着——人们绊跤、跌倒和咒骂。其间,一个乞丐始终坐在路边,他不明白为什么所有这些人光骂着,却不去把障碍物从他们的路途中搬开。一直到中午,在交通间歇,他站起来把这块石头搬开,令他吃惊的是,他发现有一袋金子在石头下面。

今天,数据及数字技术带来的挑战就像送奶人路途上遭遇的石头,给企业经营管理带来了诸多障碍,本书的目的便是尽力去搬开这块石头,纵使可能搬不动,但仍要昭示那些有能力的人,这下面藏有巨大的价值!

或许如同汤姆·斯坦达奇(Tom Standage)所警示的:"人们总是自尊自大的,总是认为自己这一代处于历史的浪尖上。"事实确应如此,这是作为一个时代的主宰所必需的自信与担当:我们这一代正处在历史的浪尖上,树立数字赋能的信仰,发展并运用好数据及数字技术或许将奠定人类社会未来几十年甚至上百年的文明形态!

---

[1] 萨婆罗门扬·钱德拉塞卡(Subrahmanyan Chandrasekhar)(1910-1995)是著名印度裔美国物理学家、天体物理学家,他计算出了著名的钱德拉塞卡极限:一颗稳定冷星最大质量的临界值是太阳质量的1.44倍,如果恒星的质量比该临界值更大,则其会坍缩成一个黑洞。

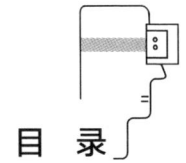

目 录

第一章 重新认识数字时代 1

　　第一节　经营不确定性源自何处　4
　　第二节　数字时代企业经营转变　7
　　第三节　数据是竞争优势新来源　24
　　第四节　数字赋能开启新未来　27

第二章 数字赋能概念辨析 33

　　第一节　数字赋能的发展历程　36
　　第二节　数字赋能的概念基础　40
　　第三节　数字赋能的研究现状　50
　　第四节　数字赋能的典型技术　61

第三章 数字时代战略分析新框架 69

　　第一节　传统战略分析框架的挑战　72
　　第二节　企业战略分析的 P&D 框架　76

第三节　P&D 分析框架的实践例证　83

第四章　数字赋能产品设计创新　87

第一节　产品传统设计模式的问题　89

第二节　数字赋能产品模块化设计　91

第三节　数字赋能产品交互式设计　94

第四节　数字赋能产品设计的关键　97

第五章　数字赋能企业制造创新　101

第一节　从链式制造转向分布式制造　104

第二节　数据驱动企业制造模式转变　106

第三节　数字赋能对传统制造的颠覆　108

第四节　数字赋能制造升级三大关键　111

第六章　数字赋能企业营销创新　115

第一节　转变营销理念与价值主张　118

第二节　数字赋能企业市场营销分析　121

第三节　数字赋能企业市场营销计划　123

第四节　数字赋能营销与公关一体化　125

第七章　数字赋能生产的组织基础　127

第一节　组织赋能实现数据驱动产品设计　130

第二节　组织赋能实现数据驱动产品制造　131

第三节　组织赋能实现数据驱动产品销售　133

第四节　数据驱动生产三大组织赋能关键　134

第八章　数字时代的组织变革创新　141

第一节　数字时代企业组织扁平化的困境　144

第二节　组织扁平化如何与层级晋升协同　145

第三节　组织扁平化协同层级晋升的关键　151

第四节　数字时代组织变革的其他新探索　157

第九章　战略更新与结构变革协同演化　159

第一节　渐进式战略更新与破坏性结构变革协同演化　162

第二节　重构式战略更新与突破性结构变革协同演化　164

第三节　战略更新与结构变革协同演化机理　167

第四节　战略更新与结构变革协同演化机制　170

第十章　数字赋能企业会计创新　177

第一节　现行企业会计核算体系存在不足　180

第二节　基于以人为本的初次分配方案调整　182

第三节　所有要素投入统一核准为资本投资　184

第四节　企业绩效管理体系与人力资本投资看板　190

第十一章　数字赋能企业协同创新　201

第一节　数字赋能企业协同创新资源搜寻　204

第二节　数字赋能企业协同组织创新　206

第三节　数字赋能企业协同过程创新　209

　　　　　第四节　数字赋能企业协同价值创造　211

第十二章　进一步发展数字赋能　215

　　　　　第一节　完善数字赋能概念　217

　　　　　第二节　培养数字化的人才　218

　　　　　第三节　大力发展数字技术　219

　　　　　第四节　完善数据治理体系　223

参考文献　227

致　　谢　248

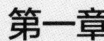

重新认识数字时代

宝洁公司首席运营官罗伯特·麦克唐纳（Robert McDonald）借用"VUCA"这一军事术语来形容当前的商业环境：V（volatile），不稳定的；U（uncertain），不确定的；C（complex），复杂的；A（ambiguous），模糊的。这在理论研究和实践两个方面都得到了广泛的认同。曾经担任美国总统顾问的未来学家詹姆斯·坎顿在接受价值中国网采访时指出，数字时代的重要特征是极高的速度、天文级数的复杂性、经济和社会的全球化。对此，维嘉凯南和艾伯斯坦（2011）在其著作《数字时代的领导力》中就如何应对这个时代的挑战给出了系列回答，包括知识经济、虚拟组织、团队协作、社会化媒体、大规模线定制、用社区取代公司……这都是数字时代的先知们和拓荒者们为我们提出的解决方案，但这一切都必须也只能开始于面对种种不确定性甚至危机困境的勇气：无所畏惧。

狄更斯在《双城记》中有一段话，用于描述我们今天的时代似乎再合适不过："这是最好的时代，这是最坏的时代；这是智慧的时代，这是愚蠢的时代；这是信仰的时期，这是怀疑的时期；这是光明的季节，这是黑暗的季节；这是希望之春，这是失望之冬；人们面前有着各样事物，人们面前一无所有；人们正在直登天堂，人们正在直下地狱。"准确地说，对于乐观的人，任何时代都是最好的时代，而对于悲观的人，任何时代都是最坏的时代。

诸如"未来已来，变则生不变则死""时代要抛弃你的时候连招呼都不会打一声"的声音甚嚣尘上，我不否认这些居安思危的观点具有一定价值，但我认为它们有一些夸张了，毕竟到今天来看，世界似乎并没有变得很糟糕！

变化不是现在才有，而是一直都有，我们已经经历了很多；未来不是已来，而是一直都在来，我们已经送往了不少。认清这个时代，进而从容不迫地去面对，相信每件事、每个人都会有最好的归宿！

如何认识这个时代，决定了我们将采取什么样的姿态和行动去应对它，这是本书开端需要回答的问题。对此，本章首先讨论数字时代不确定性来源的问题；其次从历史观视角审视企业经营的变迁并论述当前企业经营理念需要做出的转变，进而阐释数据对于企业竞争的优势，最终引出数字赋能将在哪些方面引领管理的未来。

第一节　经营不确定性源自何处

如果非要为这个时代冠以一个最鲜明、最具代表性的时代特征，那么非"变化"莫属。即便每个时代都在变化，但这个时代的变化节奏无疑比过去任何时代都要快、都要出人意料，这样出人意料的变化让许多曾经被奉为圭臬的经验和知识在新情境中捉襟见肘……

这个静态的世界很复杂，这个动态的世界很不确定。很多过去八竿子打不到一块的事也好，物也罢，它们相互交织、相互融合、相互促进或消弭，异彩纷呈，尤其热闹。可看热闹归看热闹，置身此中，有必要去思考这种不确定性是如何产生的，进而为应对不确定性提供一些切实可行的指导。但要讲清楚不确定性的来源却不容易！

从宏观层面来看，数字技术还深刻影响并重构这个时代，处在转型期的各个主体感知到的不确定性就高，一旦整个重塑过程完成，各行各业就会趋于稳定，不确定性就会下降。但人类对技术进步的执着追求使得我们并不知道数字技术之后是否会紧跟着出现全新的、颠覆性的技术，如果是，那么动荡性、不稳定性就会持续下去。

落脚到企业管理层面，组织管理领域对于不确定性来源的讨论认为其主要分为外部环境的不确定性和内部组织的不确定性（Ghoshal and Moran，1996），Xue 等（2011）将环境不确定性的来源区分为：丰富性（市场增长的不确定性）、动态性（消费者需求的不可预测性）和复杂性（外部竞争者的多样性）。换个角度，企业面临的不确定性因素可以被划分为两个维度，第一是前置影响因素；第二是过程影响因素。基于此，我们尝试用化学反应过程的隐喻去解释不确定性是如何产生的，如图 1-1。

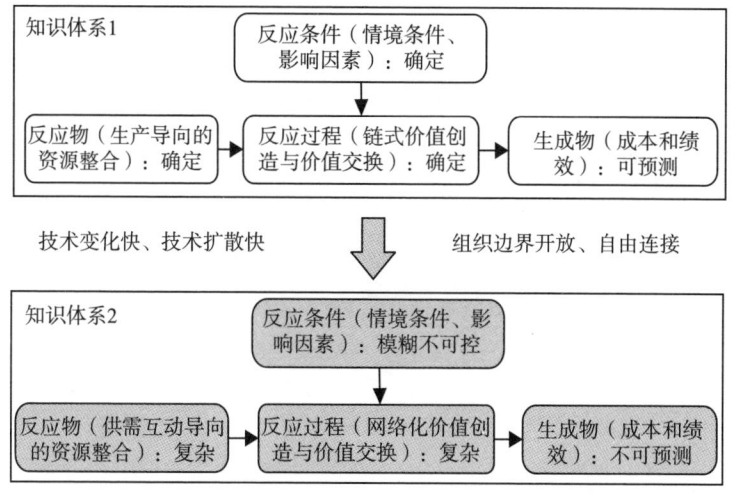

图 1-1 从化学反应过程视角来看不确定性来源

我们将一段时期内企业生产经营的内外部投入视为"反应物"，价值创造流程和供需对接的流程对应"反应过程"，而对整个价值共创活动产生影响的内外部影响因素便是"反应条件"，价值创造结果（包括成本和绩效）就是"生成物"。从反应物到生成物的整个前因后果、过程机制、促进和抑制条件及作用机制等共同构成了企业的知识体系。企业对整个知识体系掌握得越完备，不确定性就越小，其生存能力就越强。

相较于过去，企业会感知到更高不确定性的原因在于：**技术发展且扩**

散快，组织边界开放且连接自由。其一，每一项技术的每一次进步都意味着企业需要花费一定的时间去学习并对其进行运用，当技术变化和扩散过快，企业就无法及时地习得这个技术，也就极可能出现这样的情况：前几阶段的技术还未完全掌握，新的技术又已经嵌入企业经营之中。企业缺乏对这些技术的必要了解，基于这些技术所衍生出的企业经营就充满了不确定性挑战。其二，技术嵌入改变了企业经营的物理边界和概念边界，绝大多数的要素都可以进行自由连接，自由连接产生了复杂性，复杂性超出企业所掌握的知识范畴，最终形成企业经营的不确定性。

技术和组织边界的变化，让企业经营的反应物从生产导向的确定资源整合转变为供需互动导向的复杂资源整合，反应过程也由确定的链式价值创造与交换过程转变为复杂的网络化价值创造和价值交换，反应条件的情境条件和影响因素由确定变得模糊不可控，最终导致生成物（即成本和绩效）由可预测变得不可预测。

基于以上分析，我认为不确定性是对特定的主体而言的，同样的经营挑战对于没有对应知识的企业而言可能会令其感知到不确定性，但对于具备对应知识的企业而言，那么这个不确定性就会塌陷并消失。概言之，不可知、不可控的深层原因在于我们对事物发展过程的理解能力和掌控能力不足，即**不确定性就是知识的匮乏**（Thompson，1967）。

知识是我们进行决策的内在根据，深思熟虑的决策基于可获得知识的理性思维而产生，紧急情况的下意识决策则由内化了的知识通过意义建构而形成的直觉做出。当事情变得复杂并且不断变化时，无论是可获得的知识还是已经被内化和意义建构的知识，对于问题解决而言都是远远不够的，这就引致了我们无法应付诸多不确定性情境下的决策挑战。

这世界本是简单的，多样性和动态性造就了复杂，复杂的一面超出决策主体已有知识体系后就产生了不确定性。**事实总是选择左右摇摆，时刻**

准备逃离确定。但为什么我们还要孜孜不倦地去追求各种预测、预见呢？人性偏安吧！我们总想一切可控，让一切按照计划来，预测也只是为了让我们更好地应对，在精神与灵魂的深处获得安全感，过得更加从容。

那究竟要如何应对不确定性？无论是从案例实践归纳，还是从理性演绎的思考结果来看，我认为有两条基本准则：**其一是认清问题的本质；其二是形成整体观**。认清问题的本质能够帮助我们就找到问题的症结，为回答问题提供准确的抓手。形成整体观则要求将问题放在其隶属的系统中进行审视，系统观会自然地为系统内生的问题提供有效的见解。这是本书后续所有论述的哲学基础。

第二节　数字时代企业经营转变

社会的发展存在明显的路径依赖性。这个时代建立在上一个时代的辉煌之上，下一个时代也将沐浴这个时代的荣光。企业的经营管理也一样，也是基于过去的经验和教训在发展演化。今天，我们都在强调社会发展进入新阶段，诸多过去的理论和经验不再适用，于是肆无忌惮地质疑各种理论、经验，但是这些代表过去人类智慧的理论和经验在今天这个数字时代真就如此经不起实践的检验吗？

管理理论和经验都是基于对探索和解释现实的需要发展、总结而来的，有点"一个萝卜一个坑"的意思。所以，当我们要和某些理论与经验说再见的时候，我们又该如何去回应这些现实的问题？固然，必须承认，一个理论和经验的消亡不应以人的意志以及能力局限为转移，只要其在回应同过去一样的问题时给出的答案不再符合实际（或是边界条件不复存在，或是基本假设不再成立），那么它就理应被质疑、被抛弃。我的意见是，至少我们应该足够冷静和严谨，毕竟我们的选择将决定一个理论和经验的"生命"：尽管当前我们还没有给出新的替代性理论和经验，但要给某个理论和经验"判罪"就应该拿出足够的证据。当足够的证据被挖掘之后，相信新的理论和经验自然就生长出来了。

过去，我们讲"失败是成功之母"是对实践经验的重要性予以肯定，强调对知识、经验进行学习的重要性。反观我们的实践，以质量为王的诺基亚帝国却慢慢淡出了时代的舞台（虽然当下已看到其复出的迹象，我们这里的分析需要关注其从辉煌到暗淡的这一段历程），诸多案例都为这种特殊的现象做了注脚，以致社会上开始流行这样一种说法：成功是失败之母。经验将成教训，警示人们要警惕经验的危害，要突破传统思维的局限。当反观这两种结论的适用边界时，结论就会被整合到辩证统一：过去社会生产阶段总结形成的理论和经验，不一定适用于新的社会生产阶段，但在其所属的时代，其是毋庸置疑的铁律。

以史为镜可以知兴替。本节主要结合企业管理的实践发展，从企业动力来源、企业生产模式、企业经营焦点以及企业经营边界四个方面回顾企业经营的过去和现在，在这些演变之中强化发展数字赋能的必要性。并且就当前企业经营理念需要做出的重要转变进行讨论，奠定后续章节的基础。

1. 企业经营变迁

（1）企业动力来源变迁

企业是经济运营的子系统，经济发展进入新的阶段，企业的动力来源必然发生变化，这是生产力和生产关系的关系所决定的。在社会生产的发展演进过程中，技术不断变迁，社会生产力不断提升，生产方式也在不断演化进步。在不同的社会生产阶段下，基本生产要素之于企业经营绩效的影响也在发生转变，参见图1-2。

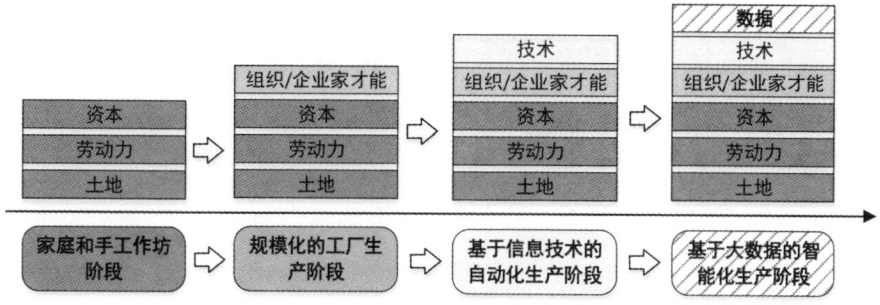

图1-2 生产力发展阶段与基本生产要素的拓展

在家庭和手工作坊式的生产阶段，土地、劳动力和资本构成了企业基本生产要素的集合，只要生产满足这三个基本要素要求，就能产生生产效益。

进入规模化的工厂生产阶段，因为规模的扩大，生产管理工作愈发复杂，这要求企业生产的基本要素集合将组织和企业家才能囊括进来，尽管不同的学者对组织和企业家才能作为基本生产要素持有不同的观点，但在对生产经营效益的解释上，组织和企业家才能确实具有举足轻重的地位。

当生产发展进入基于信息技术的自动化生产阶段，技术再一次推动了社会经济发展的腾飞，企业对技术的采用和发展对于其经营绩效的影响已不弱于之前阶段确认的基本生产要素（在不同的行业和企业中，技术的影响会存在不同）。因此，从国家政策制度到科学研究及企业实践，都要求将技术视为一种新兴的基本生产要素。

发展至今，社会生产进入基于大数据的智能化生产阶段，数据之于企业生产经营的重要性已经上升到一个极高的高度，那么或许是时候将其归并到基本生产要素的集合中了。显然，这种改变应该像过去任何生产阶段拓展基本生产要素的边界一样自然，这将为解释企业经营绩效提供极大的便利。

（2）企业生产模式变迁

早期部落制下，生产活动以家庭自给自足的生产形式为主。在这种生产模式下，一个生产单元（家庭）需要从事其生活所需的各种物品的生产制造，属于一个生产单元对应多个物品的完整生产。在家庭自给自足的生产过程中，出现了个别技艺优越的生产者，他们熟练且富有经验，社会生产体系尝到了专业化的甜头，社会分工逐渐形成。"子承父业"这种传承的专业化现象在东西方的生产文明中都存在：父为医则子嗣为医；父为奴则后世为奴（身份与可从事的事务存在必然关联）。这一方面维系了社会生产体系的稳定，同时也推动了专业化技术的不断革新、经验的积累。

分工的细化进一步推动了规模生产的形成，这包括早期的家庭包工制和工厂制。这两种生产模式大抵相同，只是生产的现场由家庭转到了集中的工厂，以便于企业主控制产品的质量和生产效率，劳动力仍旧是家庭包工制下的生产者（自然有一些微小的区别，例如童工的雇用）。在这种模式发展的早期，一个生产单元（家庭或者工厂）只负责一种产品单个环节的生产制造，例如将棉花加工成棉线，或者将生铁加工成钢材。

随着交通和通信技术的发展，工厂制进一步发展并逐步替代了家庭包工制，并且，工厂制生产模式开始了纵向一体化和横向一体化的生产整合。这个时期，一个生产单元（工厂）会生产一个完整的单一产品，例如一个布匹生产工厂会自己加工棉花获得棉线，而后将其织成布匹并进行销售。工厂制生产模式的进一步发展形成了相关产品多元化的生产模式，在这种模式中，一个生产单元会基于生产技术、生产资料生产多种产品。

交通技术、通信技术和标准化技术的进一步发展推动了生产的跨区域协同，当前（也可以说是未来很长一段时间）企业的生产制造模式转变成离散式生产：目标产品会被生产主导单元拆解为多个模块，各个模块被分配到全国甚至是全球范围内最具对应生产优势的地方进行生产，最终各生产模块的产品被组合到一起再交付给消费者。生产制造由个体分工拓展到生产单元的分工。生产主导单元可能不需要具备单个生产模块的竞争优势，而是在全要素的整合上具有无法替代的作用。与此同时，也还有相当一部分企业只是专注于单一产品或单一技术的生态建构，在纵向的深度（通常是技术）上持续精进，即常谓的隐形冠军。这类企业通常具备独立的运营体系，对整个价值链具有绝对的掌控权。这将推动企业的生产模式走向两种极端：**开放型生态模式和封闭型生态模式**——前者包含了价值创造基础设施的提供主体和价值创造要素的提供主体，后者则在单一领域囊括了开放型生态模式两类主体的功能。

为了更好地阐释生产模式的演变，本书选择从战略管理的视角来划分各个生产阶段生产模式、核心要素、驱动逻辑和认知基础，如表1-1所示。

表1-1 生产模式、核心要素、驱动逻辑及其认知基础演进

阶段	第Ⅰ阶段（第一次工业革命前）	第Ⅱ阶段（第二次工业革命到第三次工业革命）	第Ⅲ阶段（第四次工业革命至今）
生产模式	自给自足式生产	专业化规模生产	场景化生产
核心要素	家庭（族）关系	生产资料和生产组织	全要素
驱动逻辑	统治者意志	生产效率和管理成本	个性化
认知基础	产业结构观	资源观和能力观	生态观

在第Ⅰ阶段，生产活动是基于家庭（族）关系开展的，生产什么、生产多少都由统治者（地主、庄园主、国家等）的意志决定，这种生产关系的认知基础是产业结构观，即习惯于将企业生产活动置于产业结构的大环境、大背景下考察。在第Ⅱ阶段的前半段，生产活动的核心要素是企业拥有的生产资料，在该阶段，企业的生产驱动逻辑是对生产效率的追求，涵盖了规模经济、科学管理理念（动作研究和时间研究）、流水线生产等概

念的发展，这个阶段生产模式的认知基础是资源观，追求的是对既有物质资源的有效率配置。在第Ⅱ阶段的后半段，物质生产出现剩余，粗放式的效率生产已经不能创造经济效益了，其认知基础开始转变为能力观，即强调基于内部资源面向经营环境进行竞争优势塑造的动态能力，企业效率不再单纯依赖企业的生产效率，驱动逻辑转变为管理成本，其核心要素也转变为生产组织，对机器效率的追求转到对组织效率的追求。在第Ⅲ阶段（也就是当下），企业开始倾向于从系统和整体的视角来审视生产活动，关注需求的场景，基于特定的场景进行全要素整合，提供系统的解决方案，这种生产模式的认知基础是生态观，即认为企业是一个生态系统，其内部要素间是相互关联、相互作用的，同时又因为与外界存在资源、能量、信息的交换而具有开放性。同时，生产活动逐渐将消费者视为生态系统的一部分，在与消费者价值共创的过程中更加尊重消费个体的个性化需求。

这个划分结果是依照战略管理理论发展史梳理而来的，以"理论来源于实践"的逻辑推导各个理论阶段下企业对经营要素的侧重。严格来讲，这种对应并不是很准确，回顾历史会发现，这种阶段划分的核心要素只在理论层面发挥良好的区分作用，而在实践层面存在着更加复杂的交叉现象，因为理论发展与实践很难保持一致的步调。另外，像制度、经济、文化等这一类环境要素自始至终都在企业经营中扮演着重要的角色。

（3）企业经营焦点变迁

在企业生产模式演变的基础上，企业经营的焦点又是如何演变的？

企业经营的目的因为各种原因而具有差别，但无论是追求经营利润还是实现经营者的自我价值，在特定的一段时间内，企业实现经营目标的关注焦点都大抵相同，这是经营环境（政治、经济、文化、技术水平）所决定的。故此，我们有必要探讨企业通过聚焦于何种方式和手段进而达成其经营绩效，并进一步剖析数字时代企业经营的焦点应该是什么。

追求生产效率。从原始社会自给自足式的生产模式到早期粗放式的规模化生产模式（第一次工业革命及之前），因为需求远远大于供给，企业生产产品并不存在过剩的风险。故此，最早期的企业生产绩效达成的经营焦点在于对生产效率的追求，包括弗雷德里克·泰勒时期吉尔布雷斯夫妇的动作研究，目的也在于提高生产效率。简言之，企业经营制胜的秘诀在于：生产得越多，赚得就越多！

追求全要素效率与管理效率。粗放式规模化生产后期（第一次工业革命后期到第二次工业革命），社会发展迈向新的台阶，对进一步提高生产效率的追求拓展至对企业全要素效率的追求，包括资源的效率、人力资源的效率、资本的效率、信息的效率、文化的效率。同时，为了达成全要素效率的诉求，企业经营开始考虑更高效的经营模式与方式，企业经营思维渐渐由过去的重生产转向生产与管理并重。这种转变包含了早期生产效率追求的特征，例如生产工具、工艺以及流程的创新与改良，还包含了管理模式、方式、办法的改进，例如通过精益化、敏捷化生产实现各项生产资源的最佳配置，减少浪费，降低库存，最终提高企业效益。

追求人性的光辉。在信息技术高速发展的今天，企业经营对内必须回应员工高度个性化、自由自主的诉求，一个有力的证据是零工经济悄然崛起，个体员工将不再受制于企业僵化的定点打卡的上班模式；对外必须面对消费者和消费者很多瞬时的个性化诉求，消费者在产生购物念想后将不再接受等待，其必须在极短的时间内得到商家的响应才能确保交易最终达成。与此同时，供应链纵向伙伴关系以及横向合作伙伴关系也由于其自身员工和消费者的个性化转变，变得高度不确定。如何应对个体个性释放带来的内外部双重挑战，成为企业当前乃至未来很长一段时间内的重要课题。可以预见，未来在经营上取得成功的企业一定是高度尊重人性的企业。

数字时代，通过嵌入愈发成熟的已有信息技术和不断崛起的新兴技术，企业可以建立起基于个性化数据的管理和服务能力体系，企业与消费者和员工之间可以实现更便捷、更高效的协同。

由此，或许值得我们思考的是，在企业孜孜不倦追求达成消费者需求最有效模式、方式、办法的过程中，是否存在某种关注的焦点可以超越经营文明的时间跨度，在企业经营中自始至终都发挥着某种程度的指引作用？如果有，那么它应该是人性的光辉，是诉诸所有利益相关者人性的本原。

（4）企业经营边界变迁

长久以来，我们的企业经营都有很多明确的企业边界。企业边界是其诸多边界的集合，如果有必要，我们可以列举出各种各样的企业边界：企业经营有明确的市场边界，因为有了市场边界，企业的市场占有率等概念才得以立足，同时基于市场份额的市场发展战略才显得有价值；企业经营也有明确的组织边界，权力和职责因此有了明确部门、职位指向，组织运作变得有章可循；企业经营还有资源的边界，包括物质性资源和虚拟资源的边界等，而基于资源的边界，我们发展了战略联盟、资源基础理论等在今天耳熟能详的概念……然而，今天的企业经营管理却要走向我们来时路的反方向，企业经营管理专家和学者耗费几代人的心血建立起来的"企业之墙"风雨飘摇，有些已经倒下，没倒下的也会被超越、被渗透，或者是被透明化……

当我们齐聚力量推倒这些"墙"的时候，不禁令人有一丝担忧：我们有没有可能走向另一种极端？因此，我建议企业经营管理实践者和管理理论学者都冷静下来，好好思考以下几个问题：当初构建这些边界的用意是什么？今天的企业经营管理已经不再面临那些问题了吗？如果还有那些问题，我们放弃这些边界之后，它们又将如何处置？

因为技术的发展，区域地理边界的概念在慢慢被企业遗忘。一如托马斯·弗里德曼在他的著作《世界是平的》中论述的，全球化的加深正在"抹平"这个世界，这种强大的力量自然也不会放过企业边界这个概念。具体地，就企业的资源边界而言，数字孪生技术和电子信息传输技术推动了线下资源在虚拟网络空间的跨边界集聚，交通技术的发展可以让企业跨区域的物资传输变得更加便捷，并且价格低廉。也就是说，只要企业愿意承担相对于过去小得多的运输成本，它就完全可以将处于这个现实空间里任何一个角落的资源接入自己的资源集合加以整合和利用，创造之前完全不可能实现的价值。

同时，在企业进行资源整合的时候，因为企业平台模式的发展，原有清晰的资源整合边界开始模糊、融合，甚至是被去除，商业模式迈向向前一体化与向后一体化、向上一体化和向下一体化大融合的生态。可以看到的是，消费者（个体也好、团体也好）正通过参与企业的生产经营和服务而实现员工化，员工（个体也好、团体也好）也正通过参与企业的消费实现消费者化，消费者和员工两者的身份开始出现重叠，并且平台模式的努力方向就是要实现两者的百分百重叠，即取之于斯用之于斯。

因此，卡在资源价值整合中间的企业的经营模式不再是管道模式，而是平台模式，其重在"连接"而不是加工后的"转手"，这种连接变得杂乱无章、变化无常，但同时又遵循最佳效益产出的规律。通过平台整合，供应有效地对接需求（可能是一对一，也可能是多对一）进而完成价值创造。价值创造过程一旦结束，这种连接便会消失，并响应新的需求产生新的连接，如图 1-3 所示。

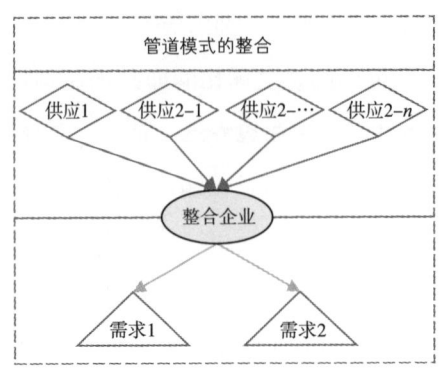 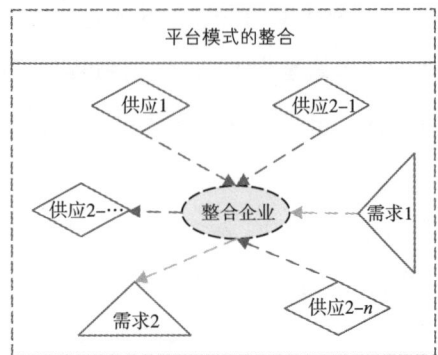

图1-3 管道模式整合与平台模式整合的区别简示

此外，企业边界的颠覆不仅仅发生在内、外部之间，还发生在内部之中。组织内部纵向的上、下层级间边界也由于扁平化变革正变得模糊，并且在仅剩的扁平化组织中，层级边界的组织还遭遇各种刺穿、渗透。组织内部横向的部门间、团队间边界为了响应组织柔性需求，变得柔软和灵活，很多时候甚至是虚无缥缈的，说它存在它就存在，说它不存在也就不存在了。

总之，当前的企业边界体系正在经历一个动荡期，可能有的边界在被打破、被削弱，而同时有的边界也在被加强、被建立。或许在未来，我们也有能力重新构建或者界定和划分出新的企业边界体系，又或者舍弃"边界"这个概念。但反过来说，当前的企业经营管理不得不经受企业边界不清晰的挑战，不清晰就意味着经营管理规则体系的建立会受到这种不确定性带来的负面影响。

2. 经营理念转变

数字时代，企业要在经营理念层面进行转变，进而在价值观的层面形成企业经营的基调，引领企业行稳致远，这至少包括三个方面的重要转变。

其一，企业的一举一动都曝光在公众的视野里，承担社会责任成为企业生存和获取竞争优势的重要影响因素，在此情境下，企业更需要主动将肩负社会责任纳入其经营理念中。其二，变化已无可避免，适者生存，构建应对不确定性的适应能力成为企业安身立命的要求。同时，人性的觉醒要求企业经营要尊重人性，尊重消费者、员工、其他利益相关者的人性，在经营中将自主性贯彻到底。其三，数字时代，挑战很多，诱惑也很多，企业经常性地游走在道德和法律的边缘，成败就在一念之间。企业经营理念需要更加强调自知自觉的正念，这是企业经营长盛不衰的内核。

企业经营理念的转变和贯彻落实是一个漫长的过程，需要企业全体成员在日常工作中进行多维度、多层次的贯彻和坚持，正确、积极、向上的企业文化一旦在企业内部得到贯彻，形成良好的企业文化氛围，其最终将形成强有力的企业生命力，引领企业的持续繁荣，并推动人类商业文明的进步。

（1）企业经营要肩负更多社会责任

2008年，汶川地震后，加多宝集团捐款1亿元，一时间风光无限，一个新兴饮料品牌猛然崛起，在饮料行业大杀四方！

相形之下，万科集团虽然在第一时间就宣布捐款200万元，但捐款门事件让万科当时的董事长王石先生备受打击，一代地产大佬就此选择淡出公众视野！

2019年，新冠疫情暴发，国内诸多名企、大企争相捐款、捐物，一时间成为全国亿万网民的重要话题！

2021年，河南特大暴雨造成水灾，国民品牌鸿星尔克在暗淡无光的日子里仍旧高调宣布捐助5000万元，鸿星尔克淘宝直播间随即被刷爆，全国仓储一度告罄，还创造出了"野性消费"一词！

承担符合甚至超过消费者期望的社会责任已经慢慢演化成为企业获取

消费者认可的重要方式，尤其是在重大灾害面前。慈善只是企业社会责任的缩影之一，ESG[1]绩效愈发成为企业价值的重要影响因素，经营绩效高又有超越经营绩效的企业追求才最令人激动且感动。因为绝大多数消费者的内心都对人性的光辉充满期待，所以积极承担社会责任的企业更受消费者欢迎，更令公众尊重，更令员工具有自豪感，所有这些隐性的收益都可以通过恰当的方式转化为企业的绩效，比如产品销售额、品牌信赖度、员工忠诚度等。

在数字时代，企业的一举一动都赤裸裸地暴露在公众面前，事前的社会责任承担和事后的危机管理成为数字时代企业经营的重要工作。换言之，积极主动承担社会责任或许能够将一家垂死的企业拉回正轨，给予其喘息的机会，进而获得新生的可能；积极主动承担社会责任也可能让一家处于竞争劣势的企业快速获得更好的市场反应，在竞争中反败为胜；持续的社会责任行为也可能会帮助企业建立极强的消费者黏性，构筑竞争的深壑高墙。

总之，不同于向内求竞争优势的能力构建，肩负社会责任成为数字时代企业向外求得生存能力，甚至竞争优势的重要影响因素。

（2）管理要更强调适应性和自主性

管理，这是一个看似熟悉而大多数人却不明所以的词，对企业生存和发展而言，意味着太多。处在一个崭新的时代，管理是不是已经过时，又是否如同诸多企业管理学者和实践专家所言，要进行转变？

首先，尽管大多数人耳熟能详"管理是管理者通过计划、组织、领导、协调、控制等五大职能来协调整体的行动以达成目标的过程"，但鲜有管

---

[1] ESG即环境保护（environmental）、社会责任（social）和公司治理（governance）。2021年6月末，中国证监会修正并发布了上市公司（半）年度报告格式准则，其中重要的调整是，将公司治理从第九节调整到第四节，将环境保护、社会责任等相关内容整合至第五节，这向上市公司释放了制度改革的重要信号。

理者真正理解这五大职能的要义与内在逻辑。很多管理者有选择地在管理过程中采取其擅长的职能行动，忽略了管理过程的整体性，最终导致了管理的失败。显然地，这五大职能并非割裂的存在，其中一个或几个职能行动仅仅是管理措施，当其脱离其他职能行动后，必然引起管理的效率下降甚至失效。

诸位不要以为管理者对此都了然于胸，并且能够得心应手地胜任其职能。例如，我们现实中观察到有很多企业管理者是轻视甚至不做计划的，企业计划（尤其是战略选择和设计）是企业经营的方向，马虎不得。当管理者忽略战略选择和战略设计，而依照死板的组织规章制度进行强力管控，即丢了管控的目的，依照管控讲管控，这怎么可能不将组织推向崩溃？

单独地看管理的某个职能，管理早就应该被淘汰了！

其次，在数字时代，企业管理正在悄然发生很多转变：组织结构从金字塔形迈向网络形，组织机制从被组织和被驱动转向自驱动和自适应，管理者需要转变成领导者，员工需要转变成合伙人，组织形态要由"公司+员工"转变为"平台+个人"，组织边界由封闭变成开放，个体与分工要转变为群体与协作，命令与控制需要转变为自发与协同。这些转变确确实实地在企业管理现实中发生了，只是企业之间存在行业属性、任务类型、规模等差异，需要转变的内容和所要付出的努力程度不同而已。比如，针对非颠覆式创新的企业经营业务，我们看到了阿米巴组织、链群组织、小微组织等；而针对基础性的国家重、难点课题，我们也看到了研究和实践对新型举国体制的探讨。

但我并不认为这些转变就是对管理的颠覆，因为这些转变的结果大部分本就是管理的题中应有之义，比如组织的自适应性本身就包含在了协调的职能中，再如赋能本身就是领导和培训的内在要求。只是在不同的情境中，我们对各管理职能所包含的多种要义的侧重不同，过去的管理不是没有自适应性、没有赋能，只是不够强调或关注不足。放眼望去，我们如今看到的管理转变更多的也只是某些方面的微小进步，而没有看到真正意义上的管理颠覆。

管理并未过时，只是有些理念需要加强或丰富！

最后，我认为当下和未来很长一段时间的企业管理应该要适当地强调组织适应性和组织成员自主性。在针对企业与外部经营环境的关系上，组织适应性应该成为管理的规定动作，这要求企业审慎地对待已有经验与现实情境条件的匹配性关系，避免路径依赖带来的严重后果，同时也要求企业更加镇定，不要陷入虚假的管理表象，有的经验、惯例仍旧有效。就如同我们在后续战略更新与组织结构变革协同演化章节中所探讨的一样，企业对经营环境的适应性包含了多个维度的适应（如战略、组织结构），不同维度的适应性建构可以结合企业自身的能力优势进行选择，而这些维度相互之间本身就存在内在的逻辑关联，通过关联性调整最终获得整个管理体系的适应性提升。

在针对管理的内部多主体间关系上，组织成员的自主性需要提升到一个更高的高度。内部自主性是外部适应性传导进来的必然要求，管理适应性的实现需要组织极高的自主性，包括个体的自主性、团队的自主性和组织的自主性。自主性并不脱离企业战略目标，个体、团队和组织基于确定的期望与现况之间的差距所形成的创造性张力而努力，这是个体、团队和组织创新创造自驱力的来源。

总而言之，管理的发展对管理概念、构念、模式、范式的创新充满包容且从不吝赞许，但创新创造者应该谨慎地划清这些新鲜的内容与已有管理知识的边界，并务必努力为后者落地形成体系负责到底。企业管理实践者更需要清醒，不要被一些新鲜的管理词汇所忽悠，要去深究到底是哪些管理条件、管理内容发生了改变，需要做出怎样的调整，这或许更为有用。很庆幸但也很遗憾，我们有很多睿智的管理大师对此洞若观火却也讳莫如深。

（3）积极推动经营正念与管理至简

询问企业存在的商业价值与意义是一个重要的管理问题，这引领了百余年管理学的发展。然而企业发展对人类文明带来的影响远超其商业含义，因为企业活动嵌入社会生产生活之中，其对社会结构及形态、技术发展以及文化进步等都产生了深远的影响。今天，当我们再来询问"企业缘何存在"，其答案应该不止于新制度经济学派的交易成本，我们必须从社会、环境、技术和文化等其他的文明维度对其进行回答，这是企业存在的题中应有之义。

将经营正念烙印在企业的灵魂上，积极倡导奋斗之精神、悲悯之情怀、担当之使命、休戚与共的命运共同体之意识，努力创新创造以推动世界的美好发展。

好的管理或许并不如我们想象得那么复杂，我们并不需要熟悉和掌握所有的管理理论和管理工具，只要遵照内心深处的道德呼唤而皈依企业经营的正念，并在组织内都达成这种共同的认识，管理或许可以放弃很多理论，比如交易成本理论（解释过去是可以的，只是不再需要用其来指导管理），也可以放弃限制性、惩罚性、压迫性的规章制度，比如上班打卡、迟到扣钱。企业经营应以道德（绝非通俗的道德，而是人们心中的道德律令）为准绳，当企业经营正念在组织内部得以确认和贯彻，那么管理将成为一项至简的工作。

管理至简就是尊重人性、尊重人格、尊重人道的管理哲学。管理至简，是道德之美。

有很多企业下属都有过这样的经历：当我们将领导视为"超人"，期待其应对棘手问题的高见时，其给出的答案往往总是惊人的简单粗暴但却有效。自管理本该可以实现，只是我们需要先将管理进行简化，因为自管理的前提是进行自我管理的员工有能力应对自己所面临的管理问题。Eisenhardt 等（2001）也认为，稳定环境中的战略是复杂的，但在复杂多变的环境下，战略必须变得简单，聪明的企业只向前看一小步，并且运用一些不变的简单规则（simple rules）来指导发展。在易变、复杂的时代下，企业经营管理的规则或多或少地会显得有气无力，而要实现"以不变应万变"，企业唯有通过构造规则背后的标准（规则之上的规则，即经营正念）来应对内外部的经营挑战。

管理之所以复杂，是因为人们总是超越道德，知其不可为而为之，抑或不知其可为而为之。因此，只要遵照道德律令，卓有成效的管理就不再需要外部所施加的力量。管理专家即脱离本元而畸形发展的自我创造性存在，他们不过是管理学界和业界的一厢情愿。这种存在的合理性解释应该是，遵照道德的经营正念并不能在当下以及长久的未来在全社会范围内成为普遍的事实，所以我们需要管理专家。管理专家的使命就是不断削弱企业对其的依赖。

（4）洞察道之不变以求得以术应变

一如前述，变化是这个时代最大的特征。我们都在感慨时代前进的步伐太快，昨天刚出现的新东西可能今天就要面临被淘汰的命运。但这个时代就是从变化中走出来的，也会在变化中走进下一个时代，又何必过分地强调易变性、不确定性、复杂性和模糊性呢？任时光荏苒，此消彼长的变化永远只是方式与手段、形式与表象。就像化学反应，时代前进的前置因素和基调早已奠定，执掌时代命运的舵手只能改变反应的条件，这是人类群体中的先知先觉者总能在过去和当下的缩影中窥见未来之变化的原因。

人类文明的进步都是基于对时间变化不敏感或者随时间变化而呈现

一定规律的确定性而发展前进的，因为我们自始至终都无法基于不确定性或者虚空做决策。**从被动的视角来看**，即便是我们一再高呼这是个不确定的时代，我们能做的也只是通过提高个体应变能力、组织的柔性、整体生态的包容性来及时地对下一刻即将展示出来的进行确定，或者说是在不确定中尽可能地往前迈一小步以降低这种不确定性，并进行预测以便做出决策，要知道在高度不确定之中尝试建构刚性策略的代价将是巨大的。于是，我们只能安于对规律的观察和学习，尽可能符合规律地进行生产和生活：保持系统的足够开放性、生产有现实需求的产品等。**从主动的视角来看**，我们也讲改造自然，也讲发掘消费者需求，引领社会文明发展的方向，但当我们深入具体的过程细节就会发现，我们依旧是在被动地接受确定性与规律的安排：尽管我们可以在冬天种植不耐寒的农作物，但我们需要借助大棚技术提供类似温暖的生长环境，或者需要在农作物中植入耐寒基因；抑或我们可能会开发出更多新奇的消费项目，例如VR游戏等，但究其根本，我们只不过是在利用新技术适应新的挑战，让生活更加舒适和快乐而已。

故而，回顾人类漫长的历史发展进程，数字时代的企业必须具有穿透表象的智慧与能力，洞察得到变化之后不变的事实与规律，从而把握企业经营的本质——在这不变的事实和规律之基础上，尽可能地用时下最先进、最有力的技术力量武装自身，为消费者提供最好的产品和服务，使这些不断变化的需求能够最有效、最优质地得到满足，最终推动人类文明向前迈出更加坚实的步伐。

数字时代，企业经营管理面临的变是"术"层面的变，而"道"的层面并没有变，经营管理的创新始终需要面向人类最古老的问题，即配置和利用稀缺资源以满足社会多方面需求。但因为企业经营管理需要在"术"的层面进行落实，故而管理理论、工具、方法等也需要进行必要的变化调整才能更好地应变!

　　数据大潮,浩浩汤汤,一个崭新的时代已经缓缓走来,为避免整个社会的失范,我们的信仰、价值观念此刻也要扬帆起航!我认为数字赋能是数字时代企业生存必须具备的思维,是企业进行数字化转型的关键,也是任何主体(包括个人个体)应该具备的思维。只有真正懂得如何高效准确地获取、挖掘、分析、运用数据,以及恰当发展和运用数字技术的企业才能享受得到数字时代发展红利,助力自身的长足繁荣与成长。

第三节 数据是竞争优势新来源

1. 数据发展成为一种基本生产要素

　　随着数字技术的发展,数据资源之于企业价值创造的重要性逐步提高,伴随其在企业经营中广泛而深刻的作用,其对于企业经营绩效差异的解释力愈发明显。

　　数据资源已经发展成解释企业竞争优势的重要资源基础之一,但现实的困境在于数据本身的特征属性与资源基础观的基本假设存在极大差异。首先,数据资源具有高流动性、低嵌入性、自生长性(越用越多)等特点(魏江和刘洋,2020),并不满足资源基础观对竞争优势来源资源的论述:异质性、不完全流动性、事后和事前竞争限制。其次,数据资源由于相关法律规定发展不完善,其所有权难以确认(大部分数据不仅是记录性质的,还是基于多个主体的互动而产生的),导致其资产专用性无法确认,引致其交易困难,企业对数据资源"不求所有,但求所用"。最后,数据资源不同于传统资源要素，数据量本身就能成为竞争优势的关键之一，只要数字技术足够充分，那么数据体量越大，其价值就越高（比如，数据量越大，深度学习算法训练的结果就越精确；又如，数据量越大，通过数据挖掘获得意外价值的可能性就越大——尽管不存在因果关系，而仅仅是相关关系就已经能够为价值创造提供无限可能），即其边际效用规模与传统基本要素的边际效用递减规律相悖（假设企业有充分的数据价值释放能力）。并且，数据资源的增加所带来经济增长的"增长效应"并非呈线性关系[1]，如图1-4所示。

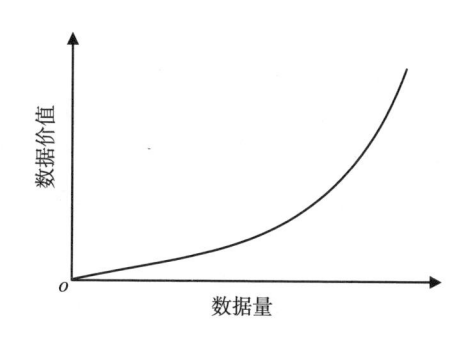

图 1-4 数据量与数据价值

能力基础观对企业竞争优势的解释同样被新发展起来的数字能力所冲击，数字能力逐渐成为企业竞争的核心竞争力（core competence）。在能力基础观的视角下，不同的能力基础差异造成了不同企业经营绩效的差异。在数字时代，企业数字能力成为一项重要的核心能力，其对竞争优势的影响来源于企业数字能力极大地提高了其对其他能力的学习和模仿，由于数字技术嵌入造成极强的学习效应以及网络效应，企业其他能力优势的可持续性变得脆弱。在此情境下，企业数字能力之于其竞争优势的作用将极大

---

[1] 新古典主义学派将创新对经济增长的作用解释为：要素增加带来的"增长效应"，以及使用要素的技术发展带来的"水平效应"。

程度地依赖于其数据资源的加持。从这个角度来讲，数据资源和数字能力的相互依赖性缓解了资源观和能力观对企业竞争优势解释的差异性，为整合两者对企业经营绩效的共同作用提供了新的解释逻辑：不是资源与能力的争议，而是两者相互依赖的共同作用。

总之，对数字赋能的概念及其理论进行发展，将在资源基础观框架内补充对企业竞争优势来源的解释，同时也将补充企业经营优势在能力观框架下的解释，在资源观和能力观之间架设起一条融通途径，整合"资源算不算能力、能力算不算资源"的争论，为数字时代企业间经营差异的解释补充新的答案。

2. 将数据作为一种基本生产要素的障碍

尽管将数据视为一种基本生产要素是社会生产力发展的必然结果，但是在整个转变过程中，还存在一些基本的障碍需要消除。

其一，数据作为一种基本生产要素，能否以及如何与传统基本生产要素区分开来，这是第一大障碍。数据本就一直存在，只是由于利用数据的技术发展，使得其对社会经济的影响、对企业经营绩效的影响上升到了一个更高的、全新的高度。数据确实可以与土地、劳动力、资本、企业家才能等传统的基本生产要素区分开来，因为其具有与这些资源不一样的特性（即高流动性、非独占性、低嵌入度、边际效益递增），但是其却不能很好地与技术这个笼统的基本生产要素区分开。要回答这个问题，需要重新审视技术到底算不算是一种基本生产要素（其在基本生产要素中的地位本来就存在争议），然后再来重新确定技术与数据两者之间的界限，而数据的价值又取决于技术（尤其是数字技术）能力。总之，其中的复杂关系值得探讨。

其二，数据产权的归属问题，这是第二大障碍。作为一种基本生产要素，按照传统定义与认知，其必须具有明确的产权归属，这是数据作为一种基本生产要素参与交易的重要前提。当前，尽管法律规定还没有对数据的产权予以准确的判定，数据的使用权只是谁在收集谁就有使用权，只是当其使用范围超越大家能够接受的界限时才会引起一定的反应（比如隐私侵权）。总体而言，尽管我国大数据事业发展得如火如荼，也确实有不少机构和单位在从事数据确权的研究，如国家大数据重点实验室出版了《数权法 1.0：数权的理论基础》《数权法 2.0：数权的制度建构》，但是学界和业界在数据产权的界定上尚未形成统一认识。

第四节　数字赋能开启新未来

物联网、通信、大数据与云计算、虚拟现实、人工智能、区块链、移动互联网等技术正在颠覆和重塑今天的社会，企业经营环境瞬息万变，数据及数字技术的繁荣发展以及各种因素交互作用形成经营环境的不确定性使既有管理理论、认知范式和管理方法与工具的有效性受到挑战。企业经营环境的变化就像大海浪潮，一浪接着一浪，企业只有及时地调整自身的战略，在这前浪扑后浪的变化中找到平衡，才能勇立潮头。

1. 逆向溯源以洞悉事物的本质

这个世界虽然看似复杂，但其本质却简单，简单到每件事物都没有姓名。世界生于定义，而定义之标准源于动机。

为了更好地生存以及推动自身文明的不断进步，我们创造了很多新的事物，遍布全球的高速公路系统和计算机网络系统、摩天大楼、绚烂的烟火、各式各样的烹饪方式、美妙的"快乐水"……诸如此类。但文明的发展在某种程度上会造成认知结果距离真相越来越遥远，因为我们对事物的刻画本就不可能达到百分之百的准确而必然存在偏差，只是相较于不去认识，我们选择接受这种偏差。这就要求我们在更高的认知阶段（具有更高的认知能力）来重新反观、审视底层的基础，并对那些存在偏差的基础进行拨正和调整，以使上层累积的偏差效应仍旧保持在我们可以接受的范畴内。例如牛顿三大定律的正确性在后来被圈在了绝对时空低速惯性系的框架下，而不会在相对时空的高速惯性系情境中造成误解。

数据和数字技术的发展让人类文明走到了一个新的高度，让我们得以有能力去重新审视和认识这个世界、洞察事物的本质。依托数据及数字技术的赋能作用，我们可以反向溯求留于青史的"事实"的真实面目，如果足够幸运，我们将会突破既定认知的边界，找到原本看似无懈可击的漏洞，这种动摇了底层认知基础的探索意味着需要重新架构起新的认知体系，也就会产生一系列的连锁问题，那么这些连锁问题的解决就极可能会涌现出惊人的价值。

2. 多向赋能促进协同价值创造

数据及数字技术嵌入是数字时代价值创造的重要驱动因素之一，生活、学习和工作的逻辑和方式的转变在很大程度上都因为连接发生了本质的转变。组织内部以及与外部联盟之间、个体之间的创新更加强调协同，基于想法、知识、技能和机会的共享、吸收进而激发协同创新已经成为数字时代创新的主流范式。

数字赋能，是针对连接用户与企业之间、企业与雇员之间、领导与下属之间、企业与企业之间纽带的赋能，其不是单纯的单向赋能，而是双向、多向互动的深度赋能：在价值创造的网络中，不同的参与者可以通过数字思维转变以及对数据和数字技术的运用，在赋能主体主动向赋能对象赋能的前提下，激活赋能对象的潜能，提升赋能对象的能力。同时，赋能对象在获得赋能效用时也可以实现赋能角色的转变，成为赋能主体，对原赋能主体赋能，最终实现数字赋能价值。在双向、多向交互协同过程中实现协同创新，包括产品创新、流程创新、组织结构创新、管理创新、商业模式创新等，最终实现价值共创和共享。

3. 数字赋能管理实现化繁为简

企业规模的扩大会带来管理工作量的增加，而管理者本身的精力毕竟是有限的，以致形成了一定的管理幅度，或许由于管理者能力的不同，其对应的管理幅度会存在差异，但一定会存在上限。过往的研究虽然也在尝试回答一个大型企业的规模边界到底在哪儿，但是技术的进步总会让结果出乎意料：在我国，同时满足销售额 3 亿元及以上、资产总额 4 亿元及以上、从业人员 2000 人及以上的企业即可划入大型工业企业的范畴。而《财富》杂志 2019 年世界 500 强榜单显示：美国沃尔玛公司在全球有超过 220 万名员工，营收超过 3.6 万亿元；而排名第二的中国石油化工集团有限公司在全球的员工超过 138 万名，年收益也超过 2.52 万亿元。

面对如此庞大的体量，企业如何才能实现有效管理？历史已经表明，借助数据从关键指标入手形成标准化的管理流程可以化约管理的复杂性，能够降低高层管理面向纷繁复杂管理任务的工作压力，增大了高层管理者的管理幅度，帮助规模超大、业务多元的企业获得经营成功。

相较于组织扁平化的授权管理，企业管理实践因对效率、管控等方面的强烈诉求而仍旧没有放弃层级组织，依托数据及数字技术实行精细化的管理将会是解决大型企业管理有效性的可行途径之一。数据及数字技术的发展将复杂的管理问题化约为简单的数据预测、数据监控、数据调整，这是企业发展得以不断突破其规模边界限制的重要因素。依托数据的管理使得企业管理者可以超越管理工作的异质性，包括管理下属的异质性和管理业务活动的异质性，使管理工作变得简单。

4. 超强算力推进精确管理理论

不同于其他学科，管理学具有浓厚的实践属性，管理理论的形成也是基于管理实践的大量经验总结而来，过去由于存储能力和计算力的不足，我们只能从（相对）非常有限的样本中寻找规律并构建理论，于是我们不得不接受（相对）可信程度较低的判断。但在数字时代，存储成本的下降、计算成本的下降以及数据分析技术的愈发成熟，让我们拥有更加强大的计算能力。我们可以通过对更大样本甚至是总体的分析，获得更加准确的结论，进而弥补基于小样本的管理理论的普适性不足问题，抑或通过对既成理论模型的修正，使使用者能够更加精确地解释过去和当下、预测未来并做出决策。

5. 企业数字赋能能力即议价权

按照资源观的观点，稀缺、不可模仿、不可复制、不可替代的资源能够给企业带来竞争优势；而能力观认为快速整合、建立、重构其内外部资源、技能和能力的能力能提升企业的竞争优势；知识观则认为缄默知识可以提升企业的竞争优势。**无论不同的理论观点之间如何争论，我始终都认为企业实现竞争优势的机制在于企业博弈过程中的议价权**——资源、能力、知识等都可能导致信息不对称，进而赋予企业不同程度的议价权，塑造企业竞争优势差异。

随着数据及数字技术的发展，经营环境变得不稳定，为了灵活应对经营环境变化的挑战，企业经营管理慢慢迈向扁平化形态，信息壁垒也逐步被削弱，甚至在某些环节已被瓦解。那是不是随着技术的不断进步，信息不对称终究会被消灭呢？答案是否定的。

其一，即便信息以光速传输，仍旧还是会存在延迟，距离越长，延迟越大，延迟的中间片段会导致信息传输两个端点之间的信息不对称。尽管这种延迟很小，但是对信息极其敏感的行业和企业，这种延迟的影响同样巨大。其二，信息传输过程总会被诸多外部因素所影响，比如人的自利性行为，毕竟消除信息不对称在一定程度上意味着消除超额利润。其三，企业基于其拥有的数据所能创造的价值极大地依赖于其对数据的运用能力，也就是即便两个不同的企业掌握着相同的数据，因为企业对数据的理解和运用能力不同，其所能从数据中获得的信息、知识不同，这也会造成信息不对称。

我们常说"家有一老，如有一宝"，"不听老人言，吃亏在眼前"，饱经风霜、经受世事的老人有着丰富的经验，总能够给后生晚辈提供有价值的意见。意见领袖常被认为是掌握足够丰富的信息、具有明智决策力的人。企业也一样，当数据成为重要的基本生产要素，掌握越多的数据就掌握了越多具有生产力的要素，运用数据的能力越强，企业在议价过程中的议价能力就越强，比如掌握最先进的技术可以决定这种技术的定价，掌握最先进的管理知识就可以最大限度地降低管理的成本。换言之，企业数字赋能能力（潜台词就是其有数据且能运用好数据去创造价值）极大程度地表征了企业在数字时代的议价能力。

总而言之，对数据、数字技术及发展相关理论的重视具有重要意义，这将开启一个新的、繁荣的时代，让参与其中，甚至只是身处其中的各个主体获益。

伟大的冰球运动员 Wayne Gretzky 在一次访问中被提问："您是如何在冰面跑位的？"他回答道："我滑向冰球将要去的地方，而不是它待过的地方。"企业管理理论、技术、方法与工具的发展同样需要这种超前的预判力，需要企业管理实践和理论学者洞见企业发展的下一个时点，甚至是更远的未来应该处在什么样的情境下、具有怎么样的管理需求，进而引导当下管理理论、技术、方法和工具的发展。

第二章

数字赋能概念辨析

由于管理理论研究与商业实践步调不同，导致两者在发展进程上存在一定的分离，但是两者又不完全脱离，在发展的过程中，呈现了一定的相互促进关系。

在企业实践层面，数字赋能近年来在商业实践中得到了广泛的讨论。阿里巴巴、腾讯、京东等大型平台企业都在强调平台的赋能价值，并且侧重于运用数字技术和数据服务为赋能对象的能力提升提供支持和帮助，强调用数据服务助力平台商家的业务发展，实现共同受益。在理论研究层面，数字赋能主题的研究近年来呈现了爆炸式增长，研究领域涉及农业生产、旅游、医疗卫生、政府治理、教育、保险、金融、电子商务、制造等。但也应看到，发表在影响力相对较高期刊上的数字赋能研究成果还很少，这表明成熟的研究并不多，触及数字赋能理论层面的探讨还很不足。主要表现为以下几点。其一，研究者对数字赋能的发展历程缺乏整体性的把握（不知道从哪儿来），对进一步的发展缺乏明确的方向（不知道往哪儿去）。其二，对数字赋能的定义及内涵尚且缺乏清晰的界定，相关概念相互混淆并混用。其三，数字赋能的基本要素、边界、理论基础等都没有得到足够的探讨。数字赋能研究进一步深化和发展面临巨大挑战，亟须系统梳理数字赋能的研究现状并对其未来发展方向给出合理建议。

基于这样的背景，本章聚焦数字赋能的概念辨析，首先结合数字赋能研究的发展历程梳理其定义与内涵等；其次就已有研究和实践常常混淆数字赋能的相关概念进行界别并探讨其相互关系，进一步借助文献分析方法对数字赋能的研究现状进行梳理；最后依据数字赋能的定义就其典型相关技术进行探讨，最终形成数字赋能完整的概念体系。

第一节　数字赋能的发展历程

授权赋能（empowerment）起初是工业心理学的概念，强调赋予弱势个体或者群体、处境不利或被压迫的群体更大的控制权、效力和社会正义感（Peterson等，2005）。管理领域的赋能研究源自人力资源管理的授权赋能（empowerment）概念，最早见于现代管理学理论预言家（也被视为早期的政治哲学家）玛丽·帕克·福列特的研究成果（Eylon，2013）。授权赋能主要是指授予企业员工额外的权力，是企业组织主动自上向下的由集权向分权的过程，其作为福列特针砭等级森严的企业组织结构的成果，后来成为组织结构扁平化发展的理论基础和依据。授权赋能后续得到了哈佛商学院罗莎贝斯·莫斯·坎特教授的极力支持和推广，其指出工作环境提供的信息享用权、支持、对工作所需资源的获取以及学习和成长的机会就是授权赋能，并且将授权赋能定义为：把权力给予那些在组织中处于不利地位的人（Kanter，2010）。更进一步地，授权赋能研究围绕如何激发员工的主动行为而渐渐形成了两个理论方向（Spreitzer，2007）：一是基于组织视角的组织赋能；二是基于个体视角的心理赋能。进一步地，国内学者雷巧玲（2006）在对授权赋能的研究综述中又进一步将授权赋能研究归为三大类：结构性授权赋能（structured empowerment）、心理授权赋能（psychological empowerment）和领导授权赋能（leadership empowerment）。

随着知识经济的发展，授权赋能研究得到了更加广泛和深入的研究和拓展，由此发展出了赋能的概念。潘善琳等（2016）指出赋能是指信息系统或信息技术工具所赋予的能力，使使用的人群或组织获得了过去所不具备的能力或实现了不能实现的目标。值得一提的是，当前的实践和理论研究对于"赋能"和"使能"仍旧存在一定的误解。基于此，魏炜和蔡春华（2018）从商业应用视角指出"赋能"强调的是赋能主体企业自身构建的生态系统，而"使能"则是通过使能企业提供的产品和服务增强被使能企业的竞争优势。对此，本书认为"赋能"更强调赋能对象的主动性，赋能主体提供平台、机会和资源，赋能对象只有主动吸收、利用这些赋能内容才能获得新的能力或者提升原有的能力，而"使能"则包含着使能对象的被动性。

鉴于赋能概念过于宽泛而失于研究，近年来国内研究围绕赋能的概念又延伸出了数字技术赋能、大数据赋能、"互联网+"赋能、电子商务赋能、AI赋能等新概念，关于这些概念的研究主要见诸一些商业报纸或者严谨性稍差的期刊上。同时，即便是这些概念已经拓展到了不同行业领域，理论界对这些概念仍旧缺乏系统、深入的研究。数字赋能算是相关研究中进展相对比较快的赋能研究分支。

近年来，数字赋能在商业实践中得到了广泛的讨论，根据可查证的资料，数字赋能概念的实践来源应该是阿里巴巴总参谋长曾鸣（2015）对赋能理念的倡导，其认为未来组织最重要的功能是赋能，而不再是管理与激励。在2017年Talking Data智能数据峰会上，Talking Data与来自全球各地的数据科学家、分析师和企业管理者，共同探讨了如何把大数据与行业结合，推动企业数字化转型、助力行业生态建设。其中，Talking Data指出数字赋能的战略意义不在于掌握庞大的数据信息，而在于对数据进行专业化处理，运用数据实现盈利的关键在于提高对数据的"加工能力"，通过"加工"实现数据的"增值"。新浪技术副总裁陆勇认为互联网企业数字赋能最常见的场景是数据交换，还指出赋能是多方数据的整合，是交互的过程。试金石大数据运营部负责人薛瑜琳认为数字赋能就是通过数据使客户提高效率，降低成本。京东金融数据部负责人刘方琦认为企业的业务模式和处理数据能力不同，因此需要关注数字赋能企业业务价值实现时及对外连接时有效组件的差异性。此外，酷特智能副总裁李金柱（2018）则指出数字赋能需要通过数据来形成平台或者生态，进而支持被赋能对象的潜能发挥。在企业实践层面，阿里巴巴、腾讯、京东、滴滴等大型平台企业都在强调平台的赋能价值，并且在企业实践的落地过程中，其赋能的手段和方式主要是依托数字技术和数据服务。阿里巴巴已然成为数字赋能商业实践的先驱企业，该企业认为数字赋能的商业核心价值在于消费者洞察、多渠道触达、数据回流沉淀，该企业的实践聚焦在为淘宝和天猫商家提供数据服务以提升商家的运营效益和品牌价值等。此外，腾讯的数字赋能实践则包括运用自身的数字技术助力智能家居、金融等领域企业的成长等。

总体而言，数字赋能的商业实践侧重于运用数字技术和数据服务为赋能对象的能力提升提供支持，企业实践强调用数据服务助力平台商家的业务发展，实现共同受益。综合数字赋能的理论研究和商业实践的发展，整理形成数字赋能的发展过程，如图2-1所示。

第二章 数字赋能概念辨析

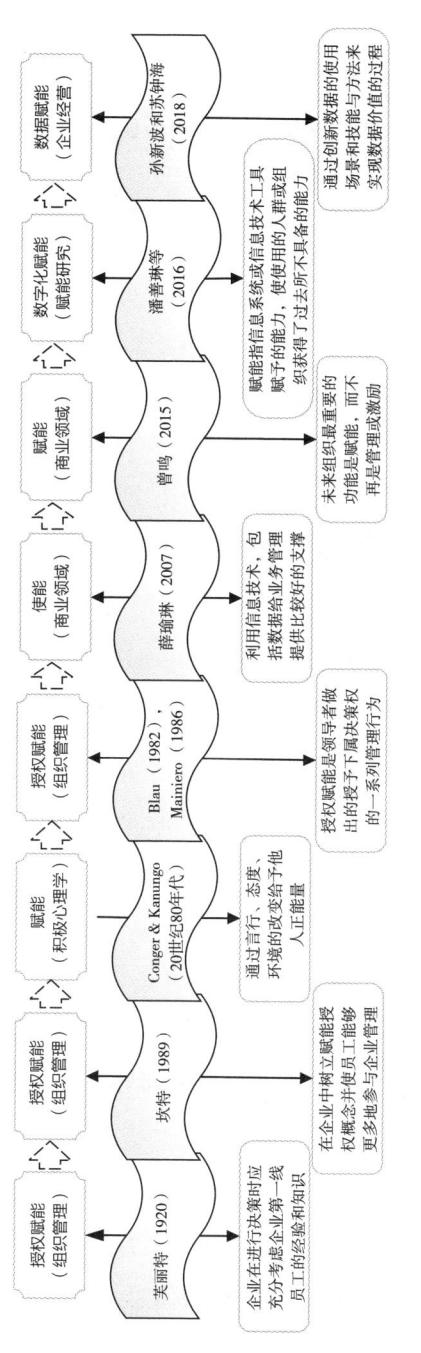

图 2-1 数字赋能的发展过程梳理

第二节　数字赋能的概念基础

1. 数字赋能的定义

就目前而言，相关研究较少涉及数字赋能的学术定义，同时研究者就其定义也尚未达成统一。现实研究中，很多研究者在开展数字赋能的相关研究时对其的运用都停留在个人主观层面，这严重阻碍了数字赋能研究的进一步完善和发展。这里梳理了几个相对严谨和贴切的研究观点。

Lenka 等（2017）在研究数字能力赋能制造企业服务化的价值共创时，将企业的数据赋能能力划分为智能能力、连接能力和分析能力三个维度。其中智能能力主要是指企业的硬件内容在低人为参与情况下对信息的感知和获取能力；连接能力代表的是企业无线通信网络对接数字化设备的能力；分析能力指向企业对自身所拥有数据的分析及进一步的价值获取。换言之，企业智能能力、连接能力和分析能力协同的初衷是提高企业的数据获取、分析和运用能力进而获得赋能价值。

周文辉等（2018）在研究数据赋能促进平台企业的价值共创过程机制时，指出数据赋能是赋能范畴下资源赋能的核心，数据赋能促进平台企业价值共创体现在主体之间的连接能力（人与人，人与物，人与信息，信息与信息）、数据分析的能力（信息交换、信息处理和信息共享）和信息的运用能力（用户行为感知、动态资源分配、灵活分析服务）。显然，主体之间的联系来自相互之间的信息交流，是数据价值的一种实现方式和方法。进一步来说，作为数据更高形态的信息，无论对其进行分析还是运用，其最终目的都是让企业在整个过程中获得赋能价值。

孙新波和苏钟海（2018）在研究数据赋能与制造业企业敏捷制造的过程机制时，通过梳理和归纳总结前人研究的成果，例如网络赋能（戴浩，2015）、数字赋能（潘善琳和崔丽丽，2016）等，给出了数据赋能的明确定义——"数据赋能是指通过创新数据的运用场景及技能和方法来实现数据价值的过程"，并且指出数据赋能的三大关键是数据化、标准化和联网化。其中，制造企业的数据化直接使得其能够从智能产品和网络之中获得庞大的数据量（Opresnik and Taisch，2015），进而加入自身的经营管理优化中，标准化和联网化是制造企业采用信息技术和方法对数据进行处理进而创造价值。

综上分析，在已有对数字赋能定义的基础上，本书尝试对其进行完善：数字赋能是指企业从整体观视角出发，通过创新数据运用场景以及技能和方法以提升整体的能力，最终实现数字赋能价值的过程。其意味着，数字赋能的主体和对象将作为一个整体而被考察，数字赋能的过程就是赋能主体和对象相互协同的过程，数字赋能的价值产出也会被参与多方共享。

2. 数字赋能的内涵

（1）数字赋能的基本共识

基于数字赋能的定义，可以看出，数字赋能的内涵在实践与研究两个层面上至少达成了几点共识。

其一，数字赋能强调创新数据获取、分析和运用的场景、技术和方法，数据本身只是现象及现象与现象之间关系的一种表达，单纯的数据存在并不能使数据使用主体实现额外的价值（Gunther等，2018）。换言之，数字赋能的价值实现需要依托一定的外在情境、方法、技术和工具，这些情境、方法、技术和工具为赋能对象提供了能力获得和提升的可能，以及价值创造的必备知识（包括机会和资源等）。

其二，数字赋能强调赋能价值的产出，无论赋能对象通过数字赋能获得了新的能力、提升了原有能力，还是获得了价值创造的必备知识等，其初衷都是在数字赋能的过程或者终点实现赋能价值。并且，赋能价值实现后更加强调价值的公平分享。

其三，数字赋能的对象不再关注个体和系统元素，其更倾向于关注整体和系统，例如组织、敏捷制造系统、价值共创体系等。

（2）数字赋能的主体与对象

数字赋能的概念自提出以来，作为一个具有较强实践性的概念，在理论研究层面备受批评和质疑的是：谁是数字赋能的主体、谁是数字赋能的对象、数字赋能的维度划分又该是什么。尽管我在仅有的研究中对这些问题都有明显或者暗含的答案，但在仅有的公开场合讲演和解释中，大家对这些答案并不太认可，这迫使我深入思考这些质疑，并尝试完善数字赋能的概念体系。

发展数字赋能概念的必要性，前述已经清晰论述——数字时代，跳过资源与能力在解释企业竞争优势时的争议，数据发展成为一种重要的资源要素，企业数字化能力也发展成为改变企业其他核心能力更加深层次的原因，这两者结合在一起时，对企业经营绩效的解释作用愈发明显。很大程度上，数据及数字技术的连接作用已经击穿了传统生产要素（资源）的异质性壁垒，同样也降低了短板能力的学习和模仿成本。故而，我们用赋能的逻辑去阐释数据及数字技术对企业竞争优势差异的影响，这是我们发展"数字赋能"这个概念的本意。

需要清楚的是，数字赋能是一个企业层面的概念，其适用情境是企业组织基于数据资源，通过创新数据资源使用的场景、工具和方法对其他组织或者内部个体进行赋能，其机制在于开发组织或者个体的新能力，或者提升组织或者个体的原有能力，技术数据和数字技术带来的学习效应和网络效应促进赋能主体和对象的价值创造，释放数据资产的价值，最终让赋能主体和对象都受益。为了清晰地表达数字赋能概念的思想，我们通过一个图示来阐明其逻辑（见图2-2）。

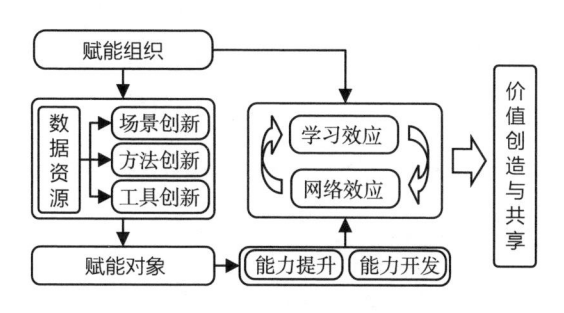

图2-2　数字赋能的逻辑

数字赋能的直接目的是通过数据资源和数字技术来提高或者开发被赋能对象的能力。但数字赋能对象的能力提升和开发并不是数字赋能的终点，数字赋能是面向企业经营绩效差异的解释需要而发展起来的概念，故而，数字赋能的最终落脚点应该是企业绩效。鉴于当前管理研究有意无意地从竞争优势向价值创造转变（马浩，2019），我们更愿意将数字赋能之于企业绩效的影响放到价值创造之上。当将赋能的主体和对象视为一个整体，那我们将不再考虑价值捕获，转而诉诸赋能主体和对象的价值合理分享。数字赋能对赋能对象能力提升和开发的价值，其一在于对传统价值创造范式的改造和提升（新商业模式），其二在于新的价值创造（新产品和新服务）。但归根结底，其机制在于通过学习效应和网络效应拓宽了规模经济和范围经济的边界，并实现速度经济，放大了同等限制条件下的价值产出（单位产出）。

（3）数字赋能的维度划分

根据数字赋能的定义及数字赋能的研究现状（包括其理论基础和理论

相关性，详见本章第三节），我们根据企业实践的长期观察，这里粗略地将数字赋能这个构念的维度划分归纳为数据运用量、数据运用场景、数据运用技术、数据运用人才这四个维度[1]。

如有感兴趣开展此研究的同行，我乐意在这里简单提出几个我认为重要的问题：（1）要注意数字赋能不同维度的初始测量项目分别可以由归纳法和演绎法得出；（2）要注意数字赋能不同维度的测量指标模型可以参考相关已有研究的测量项目（例如：Zhang 等，2016；Lenka 等，2017；迟嘉昱等，2013）；（3）要注意数字赋能不同维度的测量指标模型应该选择构成型模型而非反映型模型[2]。

3. 数字赋能相关概念区分

（1）数据、信息、知识

数据经过过滤（清洗等）和加工可以产生信息和知识，数据是信息的载体，知识是有价值的信息。但不是所有的数据都能加工成为信息，有的数据是杂音，有的则不完整，即存在无效数据。同时，对于有效数据，企业的加工能力不同，能够得到的信息、知识结果也就不同。同理，也不是所有的数据、信息、知识经过加工都能产生价值，企业的数据过滤和加工努力并不总能带来对等的回报。

其中，从数据到信息再到知识并不是一个纯粹的进阶式过程，数据的产生过程往往始于收集者的意志，以致部分收集上来的数据并不需要额

---

[1] 关于数字赋能能力的测量项目，因其工作量较大且我们目前尚未完成此部分的研究，所以这里不便做深入探讨。
[2] 请注意，有太多的研究将构成型模型误用为反映型模型，这种误用会导致结构模型路径系数的放大或缩小，使参数估计发生偏差，影响统计结论有效性。关于这两种测量模型的区别和选用，建议参照：C. Jarvis, S. MacKenzie, et al. A Critical Review of Construct Indicators and Measurement Model Mis-Specification in Marketing and Consumer Research [J]. The Journal of Consumer Research, 2003, 30（2）: 199-218.

外过滤和加工就能产生等同于信息和知识的价值。请注意，这里隐含了这样的结论：数字赋能的价值实现并不都需要创新数据运用场景以及技能和方法，或者说在此过程中需要付出的努力程度会因为收集的数据差异而不同，有些数据本身就具有价值。

此外，因为数据资源的可复用性，数据与信息、知识之间还存在逆向的转换关系，一次特定的过滤和加工后，没有形成有价值信息的数据可以被保留下去，没有形成有价值知识的数据或信息也可以以数据的形式被保留下去，为其他价值目标服务。要注意，没有价值的信息和知识会自然地转变回数据，如图2-3所示。

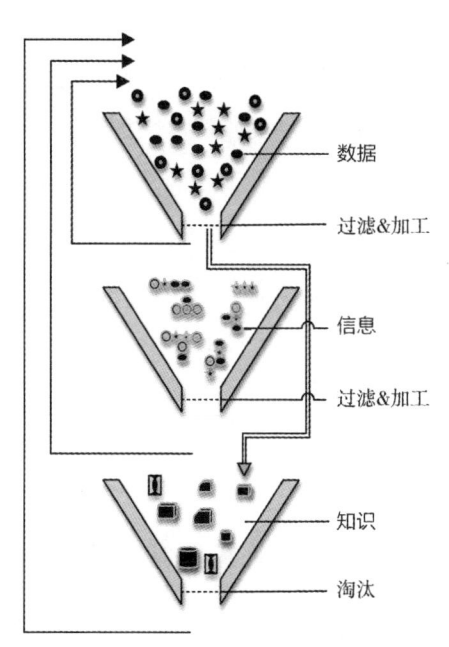

图2-3 数据、信息、知识的关系

（2）赋能、赋权、使能

就赋能与赋权、使能而言，从概念层面来看，孙中伟（2013）认为赋能侧重强调赋予被赋能对象的某种资格。罗仲伟等（2017）指出赋能突破了基于雇佣关系及确定组织层级的赋权概念，其凸显的是组织成员间"伙伴"而非"雇佣"关系，赋能是围绕"自我管理"逆向授权，即权力不是来自组织中心的让权或授权，而是来自组织中最基层的单位。而 Konczak 等（2000）认为赋权包含权力的赋予以及下属成员的责任承担与自主决策，同时也包含对信息分享、技能发展的促进和对创新绩效的指导。从其相关关系来看，魏炜和蔡春华（2018）从商业应用视角指出"赋能"强调的是赋能主体企业自身生态系统的构建，而"使能"则强调使能企业通过为被使能企业提供产品和服务进而增强被使能企业的竞争优势。刘亚军（2018）认为，赋权的概念更加具体化，而使能涵盖的范围则相对宽泛，赋权可以是使能的手段之一。

对此，本书认为"赋能"强调赋能对象的主动性，赋能主体只提供平台、机会和资源，具体的发展结果则依靠赋能对象自身，赋能对象只有主动吸收、利用这些赋能内容才能获得新的能力、提升原有的能力、获得新知识。虽然"使能"也在强调使能对象能力的提升，但其更侧重使能主体的目的性，即强调使能主体提供必要的条件以推动使能对象向使能主体期望的方向发展，包含着使能对象的被动性。"赋权"关注中心权力下放及下放过程中被赋权对象的回应，遵从刘亚军的观点，其可能只是嵌入在"赋能"和"使能"中的具体实现手段之一。

（3）赋能与激励

管理学的激励是指激发员工的工作动机，也就是说用各种有效的方法去调动员工的积极性和创造性，使员工努力完成组织的任务，实现组织的目标。就赋能而言，继承福列特（2013）关于授权赋能的陈述，赋能面向的不仅仅是企业的单个员工，其更加强调组织整体的转变。并且，赋能的后续发展表明，赋能本身不会要求赋能对象朝着某个既定的方向前进，而只是提供赋能的资源、机会和条件，赋能对象需要自行学习、吸收、转化以及利用这些赋能内容，在企业/平台的价值创造规则框架下，赋能对象进行何种价值创造以及价值创造的程度也取决于赋能对象自身的主动性，作为赋能主体的企业组织更应该表现得像只享受分红权的股东，而不会对赋能对象的赋能价值创造进行干涉。

从商业实践的角度来看，根据曾鸣（2020）等的相关论述，赋能是企业在新时代背景下的重要创新，其在企业层面的体现主要是对传统"控制-命令式"经营逻辑的颠覆，要在企业内部实现"赋能-分布式"的经营逻辑。而在个体层面，赋能追求的是要实现组织个体的自管理、自激励。据此，我认为赋能是新时代孕育的新激励策略和模式，其相较于法约尔的管理五大职能（计划、组织、指挥、协调和控制），更加强调对组织和组织成员的能力激发和提升，进而实现自我管理、自我激励，是内涵的丰富和发展，而不是替代。

（4）数字赋能与数据驱动

要明确数字赋能与数据驱动的异同，首先需要理解"赋能"和"驱动"两者在概念层面上的区别。赋能主要是权力中心（这里要特别留意权力在过去和现在的来源的差异）通过转移资源支配权、决策权和用人权，实现对赋能对象的潜能激发，实现原有能力的提升或者新能力的开发，最终将其投入价值创造中，并不限定价值创造的实现路径，从而实现赋能对象和赋能主体的权力共享与价值共创和价值共享。驱动意指单方面主体的力量对另一方面主体的正向推动作用，驱动并不超越原有的作用机制，而只是在原有作用机制基础上的加速和提效。

结合数字赋能和数据驱动的本质来看，数字赋能更加强调通过数据及数字技术的手段实现组织全要素的价值激活和价值释放，其关键过程在于个体自主化（心理赋能）、组织灵活化（结构赋能）和商业流程敏捷化（资源赋能）；而数据驱动更加强调主体对于数据的使用能力，通过数据分析改善客户、产品、基础设施、盈利方式等核心环节，形成独特的竞争优势，最终实现整个企业乃至供应链的快速运转，通过做出科学决策而实现生产经营的高效益。

就两者作用对象而言，数字赋能针对的数据及数字技术，是组织全要素数据化后的活力激发和价值转化过程，而数据驱动所针对的是企业可以利用的数据（至少已经取得使用权），是对数据的获取、分析、运用和反馈的过程（许建新和侯忠生，2009）。

最后，数字赋能侧重于强调数据及数字技术价值发挥的场景（平台、条件和机会）、技能与方法的构建；数据驱动侧重强调数据的流性运用，以数据流动为前提，驱动生产运营系统的运转。

综上，整理数字赋能与数据驱动的关键项对比，如表2-1所示。

表2-1 数字赋能与数据驱动的对比

对比项	数字赋能	数据驱动
定义	从整体观视角出发，通过创新数据运用场景以及技能和方法以提升整体的能力，最终实现数字赋能价值的过程	企业或组织及时获取数据、处理和使用数据来创造效益的一种生产经营方式
本质	数据价值释放	数据获取、数据分析、数据应用和数据反馈决策
关键要素	数据及数字技术	可利用的数据
手段	创新数据的运用场景、技能和方法	数据获取、分析、应用与反馈
作用逻辑	改变赋能对象价值创造的能力	改变驱动对象价值创造的流程
侧重点	赋能情境建设	数据的流性运用
结果	数据化的组织全要素价值激活和释放	科学的决策

（5）数字赋能与数字化转型

数字化转型是另外一个极易与数字赋能形成混淆的概念，但这两者之间具有明显的不同。在概念层面，数字化转型是运用数字技术和先进分析手段提升经济价值、企业敏捷度和行动力的重要方式。尽管数字化转型和数字赋能都强调数字技术的运用，但是两者的目的或者说落脚点并不一致，前者关注经济价值、企业敏捷度和行动力的提升，而后者关注的是数据价值的实现与共享，两者存在一定的重合，但数据的价值实现包含了经济价值、企业敏捷度和行动力提升，也包含了其他的价值，比如促进公平等的社会效益。

在内涵方面，结合我们对企业数字化转型过程的观察，我们将数字化转型区分为三级进阶的过程，即从价值点到价值链再到价值网的数字化转型，而数字赋能在其中的任何一个级别都可以发挥作用，即通过场景、方法和工具创新实现数据价值。

数字化转型的第一级是对"单点"的数字化，我们将其称为价值点的数字化转型。数字化转型常常发生在能够完成价值提升的单点，因为这样才具备数字化转型的必要性，比如研发设计的数字技术使用提高了研发设计的效率、精确性等。价值点的数字化转型也有可能为数字赋能提供可能，当价值点能够因其动作产生足够的数据，那么通过创新这些数据运用的场景、技能和方法便有可能带来新的价值，比如沃尔玛基于交易数据改进啤酒和纸尿裤陈列位置获得更高啤酒销量的案例（我们会在数字赋能企业营销的部分进行更详细的讲解）。

数字化转型的第二级是对价值链的数字化，这里的价值链针对的是垂直一体化公司的竞争优势，即包含设计、生产、销售、交付和售后服务各项活动的链式集合体。价值链的数字化转型包含了价值链、价值点的数字化转型，前者能够超越价值点获得价值链数字化转型的额外价值收益。价值链数字化转型强调数字技术嵌入带来链式的**数据协同效应**，价值链上各节点或环节的数据联通能够减少信息不对称、信息延迟、信息丢失等问题造成的价值创造活动效率低下、成本高昂的问题。全价值链数字化转型同样能够为数字赋能获得价值链的新的价值提供可能，比如产品设计、制造、出库环节和物流环节的数据协同可以帮助企业实现即产即销，降低库存积压造成的高昂库存成本。

数字化转型的第三级是对价值网的数字化，其包含了价值链的数字化，因而也就包含了价值点的数字化，同时又超越了价值链数字化，其不仅要求实现数据的协同效应，更强调价值网络的**生态效应**，基于价值网络中的多点数据聚合后的数字赋能能够为企业带来诸多意料之外的价值。比如，阿里巴巴基于电子商务和电子支付的数字赋能创新产生了互联网金融这一新的价值，又比如微医互联网医疗和卫健委医保的数字赋能创新能够产生互联网商业保险这一新的价值。

总之，数字赋能与数字化转型是可以并行存在的，数字化转型是将未实现数字化的组织、流程、工艺变得具有数字化属性的过程，数字赋能则要求先有数据，是从数据到价值的过程。

第三节 数字赋能的研究现状

1. 数字赋能的现有研究框架

数字赋能研究可以分为数字赋能与价值共创、数字赋能与制造升级、数字赋能与社群问题、数字赋能与弱势群体等四大方面。梳理数字赋能的典型研究如表2-2所示。

表2-2 数字赋能典型研究

作者	方法	研究问题	结论
Du（2010）	测验法	信息系统如何影响价值共创	B2B服务质量通过关系持续时间和消费者依赖影响消费者价值创造，并且消费者满意度调节这个影响过程，此外物流服务质量影响消费者满意度对这个过程的调节。

续表

作者	方法	研究问题	结论
Lenka（2017）	多案例法	数字化能力构成及对消费者价值共创的影响	企业数字化能力由智能能力、连接能力和分析能力构成，并且通过接收和反应机制赋能企业与消费者价值共创的过程。
周文辉等（2018）	单案例法	平台企业数字赋能对价值共创过程的影响	平台企业通过数字赋能有效地促进价值共创，并进行动态演化。
胡海波等（2018）	单案例法	数字赋能视角下企业商业生态系统演化中的价值共创	（1）结构赋能和资源赋能作用于商业生态系统演化各阶段，并相互协同驱动；（2）企业、消费者、利益相关者和其他参与者参与价值共创演化，呈现二元互动、第三方承接及互动共享关系；（3）商业生态系统的共创价值由交换价值向平台价值和社会价值演变。
曾德麟等（2017）	单案例法	制造企业运用信息技术提升复杂产品制造敏捷性	企业通过识别复杂产品制造的信息处理需求，构建网络层级与网络中心度高低不同的信息处理网络，并引入相应的管控方式，实现信息技术促进复杂产品敏捷制造的目标。
周文辉等（2018）	单案例法	数字赋能提升大规模定制技术	企业数字化能力推动其对消费者个性化需求高效、准确地获取、传递和满足，进而提高企业解决方案的针对性，实现大规模定制。
孙新波等（2018）	单案例法	数字赋能实现敏捷制造过程机制	制造企业通过数据化、标准化和联网化实现数字赋能，实现数据驱动生产。
Baack（2015）	单案例法	数字赋能民主、参与和新闻的概念重塑	开源数据运动中的积极分子围绕数据化发展推动公众数据代理，指出可以通过将开源文化的实践和价值应用于数据的创建和使用从而重新阐述民主、参与和新闻的概念。
Leong等（2015）	单案例法	ICT赋能社群危机应对能力	信息技术通过对社群的资源赋能、结构赋能和心理赋能，进而实现危机应对的集体参与，共享识别和协作控制。
Tim等（2017）	单案例法	社交媒体赋能社群参与社会活动	社交媒体通过信息民主化、网络信息关联和紧急组织三方面赋能社群个体参与环境可持续性行动。
Johnsen等（2017）	多案例法	癌症患者健康和保健能力提升	跟踪经初步治疗的癌症患者，确认病患需要关注的重要健康和保健事项，提升其他此类病患对这些重要事项的把握能力。
HeckerT等（2013）	多案例法	人口与健康数据对女性赋能	DHS在案例地区的女性赋能效用需要拓展至更宽广的领域，进而实现对女性更深层次的赋能。
Akkoyunlu等（2011）	测验法	准教师数字赋能对信息读写能力自我效能的影响	准教师的数字赋能与信息读写能力（Information literacy）自我效能间存在显著正相关关系。

由表 2-2 可见，针对数字赋能与价值共创的研究主要关注企业商业价值共创的过程机制。例如，Du（2010）将信息技术视为从商业交换到消费者价值产出的中间变量，并指出信息系统的运用促成了消费者价值创造；胡海波和卢海涛（2018）指出，数字赋能促进商业生态系统演化，进而影响共创价值由交换价值向平台价值、社会价值演变。

针对数字赋能与制造升级的研究主要关注制造企业的制造敏捷性问题。例如，曾德麟等（2017）运用案例研究方法探究了信息技术提升复杂产品制造敏捷性的机制，指出企业通过识别复杂产品制造的信息处理需求，构建具有不同层级和不同中心的信息处理网络提升复杂产品制造的敏捷性。针对数字赋能与社群问题的研究则主要运用数字赋能解释信息技术对公共问题和自发式社群运动的促进作用。例如，Baack（2015）基于数据化赋能对民主、参与和新闻影响机制的研究指出，社会活动家通过呼吁开放原始数据，并将开源数据的赋能思维运用到开放和灵活的代议制民主中去，促进公共问题的民主参与和新闻解释方式的转变；Tim 等（2017）在探讨数字赋能推动马来西亚乡村社群的环境可持续性运动中指出，数字赋能促使社区自发地进行角色分配，组织和执行有影响力的活动，进而形成集体成果和目标。针对数字赋能与弱势群体的研究主要继承授权赋能观点，侧重于数据及数字技术对赋能对象的心理赋能，使弱势群体分享到权利，推动社会公平。例如，Johnsen 等（2017）通过对经过治疗的癌症患者进行访问，确认与此类病患高度相关的健康和保健事项，进而对其他同类病患赋能，提高其对这些相关重要事项的掌握能力；Heckert 等（2013）通过对性别和健康专家的访谈，评估了人口与健康调查数据（DHS）对撒哈拉以南非洲地区妇女的赋能效用，指出将这些数据应当应用到经济、法律、决策参与、社会规范制定等方面，从而维护女性群体的权力。

此外，数字赋能研究大多数采用案例研究方法，包含单案例研究和多案例研究，国内研究以单案例研究居多，国外研究以多案例研究居多，只有极少部分采用了测验法。从研究内容看，绝大多数研究主要关注数字赋能的机理和机制。整理数字赋能研究概况如图 2-4 所示。

```
                研究内容：机理机制研究 ← 数字赋能研究 → 研究方法：定性研究（多）
                                                         定量研究（少）
```

数字赋能与价值共创
1. 顾客价值创造与产出
2. 顾客交互的深度与广度
3. 资源配置动态演化
4. 商业生态系统阶段演化的主体和类型演变

数字赋能与制造升级
1. 复杂产品制造敏捷性
2. 大规模定制技术
3. 制造敏捷性

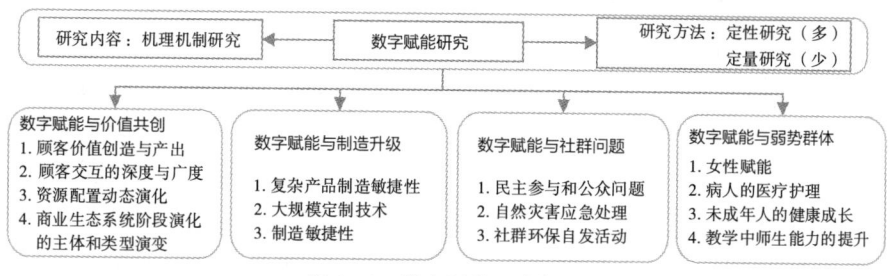

数字赋能与社群问题
1. 民主参与和公众问题
2. 自然灾害应急处理
3. 社群环保自发活动

数字赋能与弱势群体
1. 女性赋能
2. 病人的医疗护理
3. 未成年人的健康成长
4. 教学中师生能力的提升

图 2-4　数字赋能研究概况

2. 数字赋能的现有研究焦点

为明确国内外数字赋能研究差异，本书采用关键词共现网络网络分析对国内外数字赋能研究文献的关键词进行分析。鉴于前文对数字赋能、数字赋能与大数据赋能关系的界定，研究分别以中国学术期刊网全文数据库和 Web of Science 数据库作为检索源对这三者进行文献检索（见表 2-3）。

表 2-3　英文文献检索情况

检索源	检索词	检索选项	筛选条件	时间	篇数	有效篇数
中国学术期刊网全文数据库	数字赋能	主题词	"来源类别"选择"核心期刊"	不限	36	8
	数据赋能				2	2
Web of Science 数据库	字段1：data 字段2：empowerment	标题	1. "数据库"选择"Web of Science 核心合集" 2. "文献类型"选择"article"和"review"	1966—2019	23	12
	字段1：digital 字段2：empowerment				27	20

其中"数据赋能"在检索机制上包含"大数据赋能"，"data empowerment"则在检索机制上包含"big data empowerment"。另外，中文文

数字赋能：数字时代的企业创新逻辑

献检索的筛选条件为"核心期刊"可能会丢失一些未发表在核心期刊的高质量文献，但却保障了全体检索文献都足够严谨。同时，英文文献只选择"article"和"review"作为筛选条件是为了获得相关度较高的结果，而拒绝诸如专利、社论等相关度不高的检索结果。借此，确保后续探讨尽可能地触及数字赋能研究的真实轮廓。

对检索到的中文文献的关键词做共现网络分析，结果如图2-5所示。

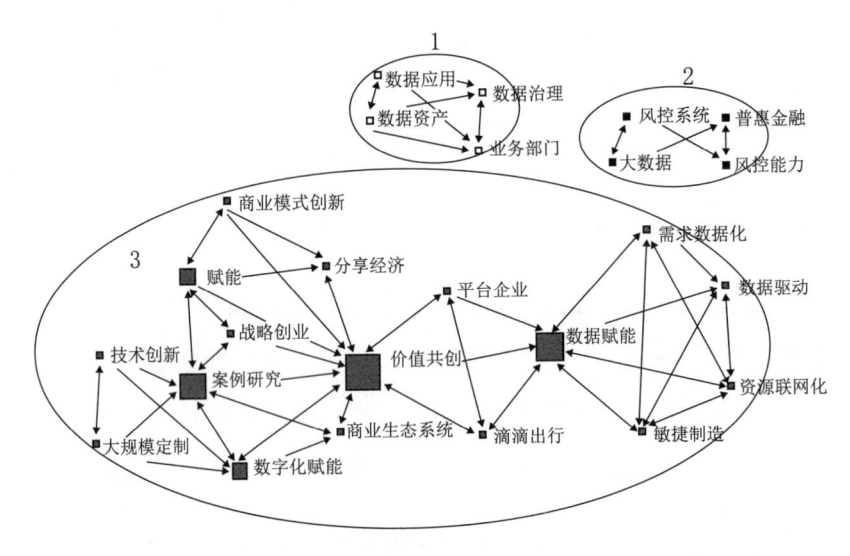

图2-5 中文文献关键词共现网络（"Cut-off-value=0"）

如图2-5所示，中文文献关键词共现网络显示现有数字赋能的中文研究主要分为三大独立的聚簇。其中，聚簇1和聚簇2分别只取得了1篇文献的支持，其余文献都集中在聚簇3。此外，聚簇1聚焦金融行业企业的数据创新运用与金融风控能力提升，聚簇2关注的是业务部门对数据资产的运用和治理，聚簇3的"数字赋能""价值共创"和"案例研究"作为研究热点将相关研究桥接了起来，并延伸至企业的敏捷制造、价值共创、商业模式创新以及技术创新等。

第二章　数字赋能概念辨析

对检索到的英文文献的关键词做共现网络分析，当"Cut-off-value"设置为"0"时发现，数字赋能（digital empowerment）、案例研究（case study）、赋能（empowerment）、病人赋能（patient empowerment）、数字技术（digital technology）、互联网（internet）、中国（China）和身份（identity）是数字赋能外文研究的焦点。

但考虑到整体网络较为庞杂，研究进一步将整体网络的"Cut-off-value"设置为"1"，结果如图2-6。数字赋能研究的英文文献关键词共现网络表明，数字赋能的英文研究有两大聚簇，其一聚焦于用案例研究数字化技术对病人的赋能，这部分研究主要关注弱势群体的赋能；其二则聚焦于中国情境与身份问题（虚拟ID）。

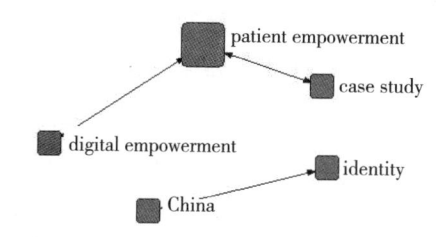

图2-6　英文文献关键词共现网络（"Cut-off-value=1"）

共词网络分析的结果表明，国内外数字赋能研究的焦点存在明显差别，为进一步探究这种差异，本书对检索并筛选的文献结果的研究来源和研究主题进行了统计，整理如表2-4。其中，国外研究指代部分英文文献，而国内研究指代中文文献和国内学者发表的英文文献，而国内外合作的研究指包含有中国学者的研究（表明这类研究包含有中国情境）。

表 2-4 数字赋能研究主题及研究来源统计

研究来源	研究主题	篇数
国外	弱势群体赋能（医疗护理、女性、未成年、消费者）	15
	社会公民赋能	4
	教育（学生、教师）	4
国内	商业模式、制造升级、价值共创	8
	金融风控	1
	数据资产管理	1
	弱势群体赋能（病人、消费者、女性、未成年）	1
国内外合作	弱势群体赋能（病人、消费者、女性、未成年）	3
	商业模式、制造升级、价值共创	2
	社群问题	3

可见，国外研究大多聚焦在弱势群体的能力、权力、公平提升上，包括涉及病人的医疗与护理问题、女性权利问题、未成年健康问题等，也有部分研究涉及社会公民赋能、课堂与远程教育实现过程中教师和学生的数字赋能。国内研究则主要聚焦在商业模式、制造升级与价值共创方面，也有极少部分研究关注数字赋能金融风控、数据资产管理以及消费者赋能问题。国内外合作的研究则在弱势群体赋能、商业实践和社群问题等方面都有涉及，但文献数量相对较少。

3. 数字赋能研究的理论基础

虽然数字赋能根植于授权赋能的概念，但严格地说，授权赋能（赋能）本身并未发展为成熟的理论，并且其关注的是组织对个体的影响。故而，数字赋能之于赋能而言是概念与内涵的继承和发展，数字赋能的理论基础不在于此。而数字赋能的国内外研究焦点不同，两者在开展数字赋能研究时所依托的理论基础及与其他理论的相似性也存在一定的差异。

（1）数字赋能的两大基础理论

首先，结合数字赋能的国外已有研究来看，其侧重对授权赋能的继承，数据及数字技术的关联只作为嵌入其中的技术情境而被讨论，而非将数字赋能看作一个整体概念来研究。因为，授权赋能关注的是组织内处于劣势地位员工的权力分配问题，Spreitzer（2007）对赋能研究方向的划分（组织层面的组织赋能和个体层面的心理赋能）也明确指出赋能的落脚点在于激发组织成员的主动性。Saeed等（2019）在变革型领导如何影响组织创新行为的研究中更是直接将组织成员的内在动机与心理赋能划归同一范畴，并指出在影响组织创新行为的过程中两者高度相关。此外，即便是当前国外数字赋能研究将关注的主体从授权赋能的组织弱势成员拓展到了数字赋能的社会弱势群体，其背后的思想依旧深受激励理论的影响，强调数字赋能对象的心理感知和效能激发。因此，数字赋能国外研究的理论基础可认为是激励理论。换言之，在授权赋能概念基础上考虑数据及数字技术影响作用的数字赋能研究可能会推动赋能成为新时代的新兴激励理论。

其次，数字赋能的国内和国内外合作研究更加侧重于强调数据之于商业和社会创新的资源性，并且关注数字赋能过程的能力构建和机理探究，这表明此类研究的发展极有可能受到了资源基础理论和动态能力理论的基本观点的影响，并有可能会对这两个理论的发展产生进一步的影响。对此，理由有二：其一，鉴于战略管理学者们就Barney（2011）对企业资源基础理论基本论点达成的共识——企业占有的异质性资源能够为其带来持续竞争优势，数据及数字技术的发展在一定程度上促使数据成为企业一种新兴战略资源要素，这必然会诱发数字赋能研究有意地靠向资源基础理论。确切地说，有价值、稀缺、不可模仿和难以替代的数据资源有希望被描述为企业持续竞争优势的新兴来源之一，进而拓展和丰富资源基础理论的内容，即数字赋能或可成为数据资源转化为企业竞争优势的、具有过程性质的理论。其二，根据Teece等（1997）对企业动态能力的界定——动态能力是指企业协调资源的能力，其关注企业如何利用既有资源进行市场开发和市场机会捕捉，是企业协调内部资源以更加灵活、敏捷的姿态应对不稳定外部环境的能力。结合数字赋能已有研究在企业制造转型升级、商业模式创新和价值共创等方面取得的成果，其也有可能会发展为企业动态能力的一种具体形式。并且，Lenka（2017）和周文辉等（2018）就企业数字赋能能力的维度划分已经在这方面做出了尝试。因此，数字赋能研究的深入发展将会是对企业动态能力理论的有益补充。此外，就国内研究而言，数字赋能作为一个聚焦机理和机制的概念，是联通数据资源与数据价值的逻辑。这对于目前研究对企业资源与企业能力两者之间的争论而言（资源算不算能力，能力是不是资源），其有望在企业层面为桥接资源基础理论和动态能力理论提供一条更加切实可靠的路径。

（2）数字赋能的两大相似理论

数字赋能的国内研究表明，数字赋能在一定程度上与信息处理理论的内容存在重叠。首先，信息处理理论（information processing theory，也称信息加工理论）源于认知心理学，其认为人的认知过程就是对信息的加工过程：注意、选择和接收信息—对信息编码、内在化和组织—利用加工产生的结果支撑决策和指导行为（吴梦和白新文，2012）。随着信息技术深度融入企业的生产运营过程，信息处理理论逐渐被引入企业管理领域。企业信息处理理论认为企业必须拥有高质量的信息收集、分解、合成与传播的能力以应对经营的不确定性，进而提高其决策能力（Galbraith，1997）。此外，信息处理理论还强调组织信息处理的结果，即面向组织目标实现能力的提高。值得一提的是，信息是数据经过加工后的高阶形态，数字赋能突出创新运用数据的场景、技能和方法，这包含了信息收集、分解、合成与传播过程，可以说，信息处理是数字赋能切实的手段（Tushman 和 Nadler，1978）。同时，数字赋能强调数据及数字技术价值的实现，而信息处理理论强调企业信息处理能力对组织目标达成的正向影响（Wang 等，2013），目标达成即是获得了信息处理的价值。总体而言,数字赋能与信息处理理论在内容上有重叠,究其原因,一是两者关注的对象(数据与信息)有重叠,二是更深层次的可能是数字赋能基础研究缺失导致其边界模糊。

而数字赋能的国外研究则表明数字赋能与包容性创新理论存在部分交叉。源于社会排斥理论和福利经济学理论的包容性创新(inclusive innovation)主要是指企业通过技术和商业模式的创新来满足生活在贫困线下、权利得不到充分保障的金字塔底层群体的需求,或利用其创新能力获得经济回报,同时提高其生活质量,缓解和消除贫困(赵武等,2014;王春晖和李平,2012)。并且,包容性创新被认为是有利于弱势群体的创新,其过程也是绩效产出的结果(George 等,2012)。即数字赋能与包容性创新理论都涉及了社会弱势群体问题,并且二者都强调价值的产出。当然,国外数字赋能研究与包容性创新理论仍旧存在一定差异。例如,两者实现的路径不完全一致,数字赋能侧重数据及数字技术的运用,包容性创新侧重技术和商业模式的创新。此外,两者关注弱势群体的范围也不一样,前者关注多类型的弱势群体,包括病人、未成年、女性、临时受难的群体等,而后者关注的仅仅是低收入人群。

(3)数字赋能国内外研究差异归因

国内外数字赋能研究在研究焦点和理论基础上的差异可能缘于研究情境的不同。一方面,国内数字赋能研究立足于我国特定国情。首先,互联网基础设施的完善使我国网络用户量激增,数量庞大且频次超高的线上活动产生了海量的数据,这为国内数字赋能研究发展提供了肥沃的土壤。同时,在经济发展进入新旧动能转化的背景下,我国政府出台了"两化融合"系列方针政策,互联网信息技术加速、深层次地渗透到产业实践中,数字技术对传统企业的生产制造、商业模式和价值共创等产生了颠覆性影响,这引起了国内学者的关注。例如,潘善琳教授于2016年发起并领导的聚焦数字赋能商业与社会创新最佳实践的数字赋能研究联盟（Digital Enablement Research Alliance, DERA）在国内得到了诸多学者的积极响应，促成了当下国内数字赋能研究在这方面的繁荣。其次，因为大部分国内数字赋能研究都在关注企业的商业实践创新，其自然地进入了企业创新与战略管理的研究范畴，也使其自觉地从资源基础理论和企业动态能力理论中寻找理论支撑，而对数字赋能过程的关注也使得其与信息处理理论产生了理论相似性。最后，因为数字赋能的研究刚刚兴起，缺乏成熟的理论体系（包括构念维度、量表等）以供量化实证测验，这从侧面解释了已有数字赋能研究中案例研究居多的原因，同时也说明，数字赋能研究的当务之急在于建构其基础理论体系。

另一方面，国外数字赋能研究同样根植于国外实践环境，其生产机械化、自动化、信息化等水平较高，国外学者对信息技术尤其是数字技术对商业模式和制造模式影响的感知较国内学者要低。相反，因为发达国家（检索文献多数作者的工作单位所在）产业重点在服务业，国外学者对弱势群体权利与公平等社会问题的敏感度更高。正因如此，国外数字赋能研究更多地体现在对早期赋能概念的继承，关注数据与数字技术对组织团体（尤其是弱势群体）的赋能，致使其理论基础落脚到了管理心理学的激励理论上，也使其在关注对象上与包容性创新理论产生了重叠。

第四节　数字赋能的典型技术

1. 技术发展与社会进步

社会的进步离不开技术的发展，技术创新能够最大限度地推动人类文明的持续繁荣。人类工业文明变迁从 1.0 发展到 4.0，技术对于社会进步的影响最为明显。18 世纪 60 年代至 20 世纪初期的工业 1.0 时期，企业主要是通过水力和蒸汽动力的技术实现了工厂机械化生产。20 世纪初期至 20 世纪 70 年代初的工业 2.0 时期，企业则在劳动分工基础上采用电力驱动技术来实现产品的大规模生产。20 世纪 70 年代初到 21 世纪初的工业 3.0 时期，企业则广泛应用电子与信息技术，使制造过程自动化程度进一步大幅度提高。从 21 世纪初开始的工业 4.0 时期，是实体物理世界与虚拟网络世界融合的时代，产品全生命周期、全制造流程数字化以及基于信息通信技术的模块集成，将形成一种高度灵活、个性化、数字化的产品与服务新生产模式。工业文明的演进过程梳理如图 2-7 所示。

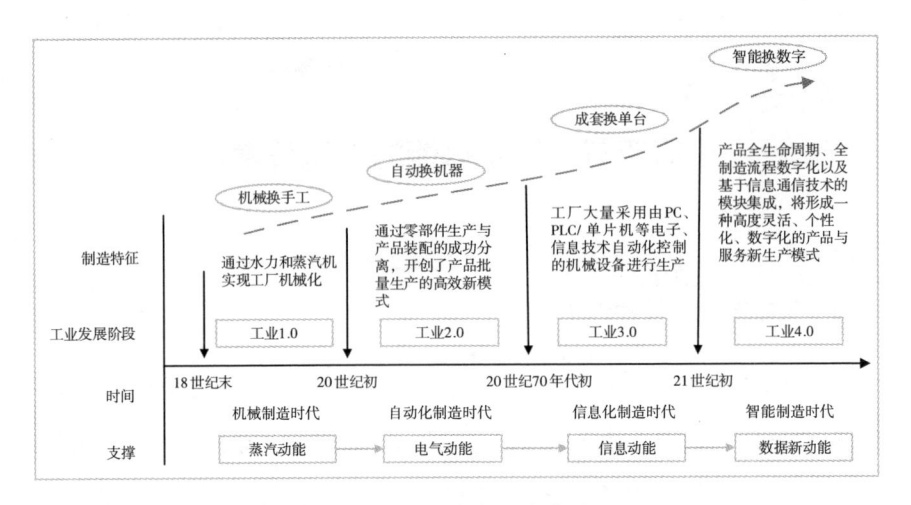

数字赋能：数字时代的企业创新逻辑

图2-7 工业文明的演进过程

　　确切地说，社会的每一点进步都源于技术的精进和创新，其他方面、层面的变化可以看作为了适应技术进步所做出的调整。原始人类创造出简单的锄、镰等工具之后便不再走南闯北跟随兽群、采集野果，而是选择水源丰富、地势平坦的地方落脚，最终开启了农业时代。蒸汽动力的运用使得人类开始放弃家庭式手工作坊的生产而转向工厂制生产，自动化技术的普及又推动人类社会进入了工业时代。电子计算机的发明提高了人类的计算能力与信息传输效率，信息技术的广泛运用推动人类社会进入了信息时代。

　　今天，不可否认的是，互联网信息技术，包括大数据、云计算、移动互联网、物联网等，确实给企业经营带来了巨大的挑战，同时也为企业经营创新提供了很多机遇。这些技术推动了企业产品研发设计、生产制造和营销等环节的流程工艺优化，大大提高了各个环节的物流、资金流、人才流、信息流等的流通与交互，推动了企业组织结构和管理文明的创新。

　　可以说，一方面，技术让这个世界变得更加错综复杂；另一方面，我们也在着力用技术去化约这个世界，希望能够使这个世界在我们面前再次变得简单。正是这种往复的循环，才得以不断地推进人类社会的进步。

2. 数字赋能的相关技术

数字时代是站在过去时代肩膀上的新时代，本书认为这个时代典型的特征就是其有别于过去一系列的典型技术，正是这些典型技术相互交融、相互交织并深深地嵌在原有的社会形态之中，杂糅而形成了其特别的社会概貌。不同于托马斯·西贝尔（2021）在《数字化转型》中所言，数字化转型的核心技术是云计算、大数据、物联网和人工智能的聚合，也不同于我国新基建的概念范畴，本书侧重从实现数据价值的视角去审视它的关联技术，具体而言，这些典型的技术包括通信（communication）技术、物联网（internet of things）技术、移动互联网（mobile internet）技术、大数据与云计算（big data and cloud computing）技术、虚拟现实（virtual reality）技术、人工智能（artificial intelligence）技术、机器人（robot）与区块链技术（blockchain technology）（见图2-8）。这些技术嵌入到我们生产生活的每个场景，并且相互交融、多向协同，重塑了我们的生产生活方式并且提高了其效率和质量。

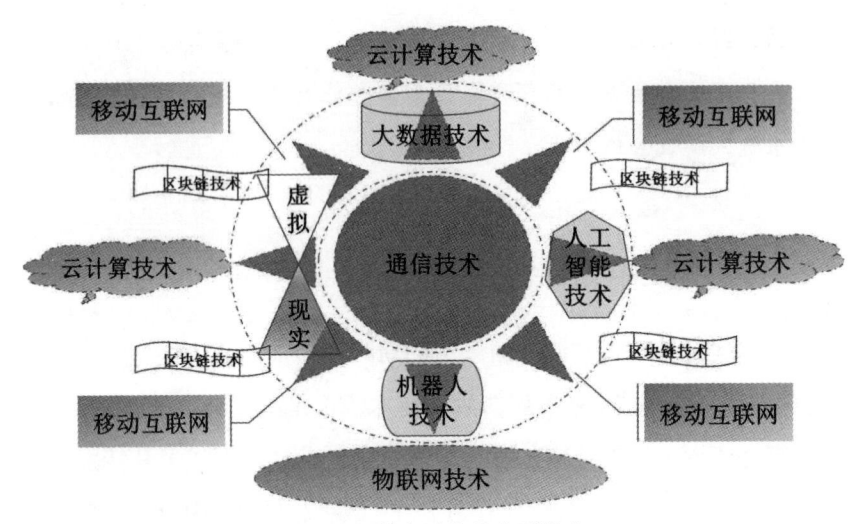

图 2-8 数字时代的典型技术

通信技术。通信技术是其他各种信息技术发挥作用的基础性技术，通信技术的任务就是要实现高速度、高质量、准确、及时、安全可靠地传递和交换各种形式的信息，只有通信技术真正发展起来，其他信息技术的价值才能被最大限度地释放出来。准确地说，物联网技术、移动互联网技术、大数据与云计算技术、虚拟现实技术、人工智能技术与机器人技术、区块链技术，以及其他信息技术都需要面向数据收集、存储、整理分析及运用，此过程离不开数据传输。或者换个角度来看，互联网的网络连接在于数据流的连接，这是网络通信基础设施如此重要的原因。这种重要性可以在很多社会生产生活活动中明显感受到，例如，春节期间，大量的农村外出务工人员返乡造成网络通信拥堵，通过重新建设更先进、传输能力更强大的 5G 基站可以让用户得到更好的通信体验；由于通信技术的发展，过去需要一到两个小时下载的影视资源现在只需要几分钟甚至更短，同时网络直播等新兴网络内容消费模式得以繁荣发展，进一步丰富了网络生活。

第二章 数字赋能概念辨析

物联网技术。物联网技术是数字时代基础技术之一,借助物联网技术,现实世界的实体信息能够接入互联网生态中,从而实现远程监控、智能计算、预测、控制以及增强溯源。例如,农场肉牛身上佩戴的传感器能够实时将其身体关键指标信息上传至网络,帮助养殖技术人员判断其健康状态,进而对其实施提前预防和治疗,降低疾病造成的养殖损失,同时保障食用牛肉制品的安全。大棚传感器能够实时将大棚的光照、温度、湿度、土壤营养物指标等传输到监控端,监控端依托智能监控和自动化技术根据所种植的农作物将大棚的整体指标维持在一个合理的范围,提高农作物的生长效率,更好地解决蔬果食品的安全问题。安装在生产设备上的传感器能够将设备的运转状况实时传输给远程的后端监控中心,监控中心的智能控制系统在发现异常时会及时给出警报,帮助监控中心在机器发生故障前就派遣技术人员对其进行维护和保养,延长设备的使用寿命,减少设备故障造成的生产延误,并在必要的情况下中断生产设备的运转,保障安全生产。可穿戴设备能够实时监控使用者的身体指标,这在体育运动和病患医护等方面都有广阔的运用前景,目前也得到了很好的发展;可穿戴设备接入医护智能管家后可以实时提醒穿戴者按时用药,紧急情况下还可以自动给亲属发送警示消息或者直接拨打亲属电话,超过既定响应时间后会自动拨打急救电话,根据可穿戴设备自身的定位功能使佩戴者得到及时救护。

移动互联网。移动互联网是移动通信和互联网融合的产物,其兼具移动通信的便携性和互联网强大的连接能力。移动互联网的遍布将绚丽多彩的网络世界呈现给了每个个体,同时每个个体也有机会和可能参与网络内容(价值)的创造,进一步地丰富了整个网络世界。移动互联网使互联网愈发复杂化,让连接更加便捷和迅速,即便是处在原有网络边缘的个体也能接入整个网络系统,并在网络中奉献和索取。今天,我们可以借助移动互联网在任何时间、任何地点获取网络资源。例如四川自贡的老李头可以让自己的小孙子用手机在网络上检索"羊羔不吃奶怎么办",从而遵照网络知识的指导解救自己的小羊羔。再如爆红网络的华农兄弟用一部手机就能将养鼠人有趣的日常生活内容传至网络,与散落在网络各个节点的网民互动,这不仅帮助其达成广告宣传目的,还为网民的闲暇时光贡献了很多快乐。此外,我国电子商务的发展很大程度上也得益于移动互联网的普及,不像早期的电子商务需要借助固定地点的网络终端(电脑)才能完成,今天任何消费者只要配备移动终端,就能接入网络购物平台,这极大满足了消费者的购买需要,释放了消费者的购买潜力。

大数据与云计算技术。物联网和移动互联网的发展将更多的网络用户接入了互联网中,使得网络活动异彩纷呈、范围广、频次高,网络内容(图片、文字、音频、视频等)实现了爆炸式增长(这是用户经常出现网络迷失现象的重要原因)。与此同时,单个平台、企业很轻松地就掌握了大量的数据资源,并且企业数据资源已经成为企业产品研发创新、生产优化、服务营销创新等活动的重要源泉。此外,企业对自身沉淀数据的价值挖掘直接推动了大数据及其相关技术的发展。其中,云计算技术的发展就是典型的例子:由于数据量的庞大,一边是单台计算机的计算能力有限,另一边是大量计算机计算能力的闲置,这一建设性矛盾的解决直接推动了分布式云计算技术的发展。机器学习技术的发展和广泛运用也是一个比较典型的例子,运用海量数据对计算机程序进行训练能够推动很多辅助技术的发展。利用海量疾病特征数据进行机器训练的结果可以辅助主治医生更准确地诊断病患的病症,并且给出更具针对性的治疗方案,提高病患的治愈率。

虚拟现实技术。今天,虚拟现实技术正在悄无声息地嵌入各种现实的生活场景:在教育方面,利用虚拟现实技术,存在空间距离的教师和学生可以实现远程教学的同步与互动；在医疗辅助方面，远程的医疗专家可以身临其境地为本地的医生提供诊疗和手术指导；在城市规划方面，规划设计工作人员可以借助 VR 技术来呈现规划结果，方便规划人员对设计方案进行评估和优化，提高整体规划的合理性；在电子商务方面，通过借助 VR 技术，消费者可以在具有 VR 设备的任何地方感受自己的意向产品在特定场景下的效果，比如更好地观察衣服的尺寸和颜色是否符合自己的偏好；休闲娱乐方面，很多娱乐场所都为消费者提供 VR 体验，包括 VR 游戏、影视体验等。未来，虚拟现实技术将会更加深入又广泛地融入我们生活的每个细节，实现虚拟与现实的一体化融合，为我们提供更加美好的生活体验，彼时我们对虚拟技术的依赖或许也会像今天我们对互联网的依赖一样，逃无可逃，退无可退。

人工智能技术与机器人技术。尽管目前的人工智能技术和机器人技术还没有发展成熟，在实践中也没有得到广泛的运用，但人工智能技术和机器人技术的深度融合将会在不久的将来进一步代替目前仅有的、日趋减少的人工劳动：在诸如搬运、上料等一类繁重和重复的工作岗位上将不会再看到现场人员，机器设备的故障等都可以由智能系统进行自我诊断和维护；像探索性科学实验等一类烦琐的工作将在既定的条件设定下被智能机器人不舍昼夜地执行，直到获得最终的结果并通知实验设计人员；类似于采矿、深井勘测和基础设施建设等危险系数较高的工作也将由智能机器人以最低的成本和最高的效率完成；诸如物料切割和医疗手术等高精度的工作等也都会进一步由智能机器人来执行，以减少稀有物料不必要的损耗，减轻病人的痛苦并提高其治愈率；类似于交通出行等要求高反应速度的工作也会被智能机器人所替代，人工智能驾驶技术会极大程度地减少交通拥堵和交通事故的发生。

区块链技术。网络经济的繁荣发展伴随着海量的数据传输和存储需求，同时数据的传输和存储时刻面临着严峻的安全挑战，包括恶意篡改、隐私数据泄露等。因此，发展更加安全的数据交流和存储技术十分必要。区块链作为一种分布式数据库，其具有去中心化、公开透明、开放共识和安全可靠等优点，写入区块链中的数据记录被篡改的可能性极低（其要求同时获得全网节点50%以上计算机的控制权），保障了数据交流的安全性。显然地，区块链在关键数据记录、身份识别管理、交易过程管理及溯源等方面都表现极佳。未来区块链技术可能会被广泛地应用于诸多领域，具体包括智能合约、证券交易、电子商务、物联网、社交通信、文件存储和存在性证明等方面。尤其是在金融领域，区块链技术可以被广泛地运用到跨境支付、国际汇兑、众筹、股权登记、证券交易等场景中。通过区块链技术，交易双方可在无须借助第三方信用中介的条件下开展经济活动，从而降低全球范围内的资产转移成本。

所有这些技术都在帮助我们从简单、重复、繁重的工作中解放出来，成为文明时代更加完整意义上的人，而不是周而复始地生活在"996"的工作中。我们相信技术的发展与进步，在未来的某一天，我们的法律会让我们只从事一定的社会必要劳动时间——一天只工作几小时，一周只工作几天，就如同当下的一周五天，一天八小时的规定一样——让我们有理由从机器生产系统中获得生存和生活的物资资料，而更好地享受美味的食物、新鲜的空气、温暖的阳光、璀璨的星空等美好的事物，更好地去爱与被爱、呵护与被呵护，获得人生的从容与自由。

第三章

数字时代战略分析新框架

针对企业竞争优势的来源问题，提出著名五力模型和一般竞争战略十余年后，战略大师波特（1996）再次提示"战略不是运营效益"，并指出"企业战略的实质是构建独特的运营活动或不同运营方式实现独特的价值组合……即在各种运营活动之间建立一种配称"，同时构建了基于"定位—取舍—配称"的新企业战略范式。二十余年后，诸多企业领导者已经意识到传统企业战略分析模型在动态发展、边界模糊的管理新现实情境中近乎失效，但波特的新企业战略范式却没有在企业战略分析实践应用中得到很好的回应。相反，实践仍在遵循传统的战略分析模型，即基于产业结构的五力分析和企业价值链的资源与能力分析识别出企业的一般竞争战略。当深入解析这种矛盾时，会发现新企业战略范式的分析框架缺失是实践紧抱这种残缺的重要原因。现实呼唤一个契合数字时代的、可操作的战略分析框架。

传统企业战略分析范式因其对产业结构、价值链的静态假定而备受管理研究和管理实践的诟病。诸多研究都在尝试修正这一范式，如孙德升（2005）从动态视角出发，在波特三种竞争战略基础上加入环境动态性考量，以净利润衡量企业竞争优势，认定企业竞争战略可归为差异化和低成本，并建构了企业竞争优势基于差异化和低成本战略的交替演进模式。又如，马骋等（2010）在波特分析范式基础上考虑了产业发展阶段的影响，构建了"产业发展阶段—外部环境—波特五力模型"的层次分析框架。再如，武亚军（2020）将波特钻石模型中的机会具化为互联网时代的机会、将政府的角色具化为发展型政府、增加文化双融和半全球化思维的因素，形成了修正的钻石模型，但针对国家宏观竞争优势分析模型的修正并不能回答企业层面的战略分析问题。这些文献集中于波特模型的实用性研究，侧重根据研究背景和研究对象特征对波特模型进行修正，但在契合数字时代需求且可操作的新企业战略分析框架等方面还有待研究。

数字时代，企业战略的实质没有改变，传统企业战略分析框架遭遇的挑战主要来自外部环境变化和企业内部资源和能力变化，致使其基本前提假定失效。对此，鉴于产业融合发展迈向产业生态系统的趋势和数字技术深刻影响企业战略的管理新现实，本书谨遵企业战略实质，尝试将企业战略分析置于产业生态网络中，关注企业数字化能力对其战略选择的影响，构建基于产业生态系统定位和企业数字化能力两个维度的企业战略分析框架，以期为数字时代企业战略分析提供启示。

第一节　传统战略分析框架的挑战

传统企业战略分析框架以波特范式为典型，其从国家、产业组织、企业三个层面系统阐释竞争力的来源问题，提出了著名的五力模型与三种一般竞争战略、企业价值链模型及国家竞争优势的钻石框架模型（Potter，2004）。关于企业竞争优势的来源，波特范式关注产业的吸引力和产业相对定位（Potter，1980，1985）。其一，产业结构五种力量（供应商讨价还价能力、购买者讨价还价能力、潜在竞争者进入能力、替代品替代能力和竞争者竞争能力）共同决定产业获利能力，影响产品价格、成本和必要的投资，最终决定了特定产业的吸引力。其二，对竞争对手的分析模型关注竞争对手的现行战略、未来目标、竞争实力和自我假设。基于对竞争对手的行动和反应模式分析，明确本企业与竞争对手的差距及本企业在市场竞争中的优劣势，进而帮助企业锚定有利市场位置并制定自身经营方向和目标，推动其有力地参与市场竞争。

关于波特范式的批评由来已久，攻击点之一在于其生成情境和生成方法的特殊性：竞争战略生长于工业产业的情境，并且基于归纳法而非实证或演绎而形成，致使其不够细致（Miller，1992，1993）。如Miller（1992）通过实证分析将差异化战略细化为创新型战略、营销型战略和质量型战略。攻击点之二在于产业环境的变迁：第三产业和新兴产业在经济中的作用愈发重要，基于工业产业的波特基本战略被指不适用于新环境（Mintzberg，1988，1996）。如Wortzel（1987）对零售行业企业竞争战略的分析表明波特竞争战略不适用于零售行业，并指出零售行业的三种竞争战略是：基于不同商品组合产生的差异化战略、基于特殊服务的差异化战略以及价格优势战略。产业环境和企业价值链的变迁使管理新状况不断涌现，对波特范式的反思也一直在持续。立足数字时代的管理新情境，数字技术对产业环境的深刻影响迫切地要求学者采取行动对此进行回应。

1. 数字时代的管理新现实

（1）产业边界消失与产业结构变迁

产业融合发展形成产业生态是产业发展的客观规律，数字技术的嵌入进一步加快了产业边界的融合进程。在产业融合发展框架下，企业的生存空间不再是边界清晰的产业内部，而是跨产业边界融合形成的产业生态系统。产业面向消费者的情境需求而融合发展，产业融合包含宏观层面产业间的融合，也包含微观层面产业间和产业内的企业融合。一个产业生态系统的形态围绕一类消费者情境需求变化而变化，在边界上呈现开放性，在结构上呈现动态性，同一情境的消费者需求具有可共享、可复用的价值基础，如基础设施、实物原料、信息等。

在开放、动态变化的产业生态系统中，各产业结构力量的身份根据消费者价值创造的需要而得以确认。数字技术的嵌入，让企业可以根据最佳价值产出的原则实时地整合产业生态系统中的各种资源和能力对变化的消费者需求进行响应，这极大增加了上下游合作伙伴关系的不稳定性和不确定性，企业亦无从准确地识别出其供应商、购买者、竞争对手、潜在竞争者、替代者等产业结构力量。这解释了数字时代的企业缘何经常遭遇"跨界打击"和"降维打击"等不可预知的竞争。此外，整体经营环境的不确定性增加，企业被迫频繁转变战略以获得灵活性，不稳定、不确定的企业运营状况也给其他企业的产业结构力量确认带来了巨大挑战。

总之，在产业融合发展的数字时代，企业已无法从产业结构力量的对比分析中找到其产业定位并做出选择，在边界开放、结构动态变化的产业生态系统中构建一套行之有效的企业战略定位方式将是回应这种困境的有效出路。

（2）数据资源的特殊性与数字化能力的重要性

数据发展成一种重要的企业资源，其具有与传统资源要素明显不同的属性及特征，数字技术的嵌入也使得企业的竞争优劣势来源发生了转移。

数据作为一种资源对企业战略的影响源自：其一，数据一般基于多主体间的复杂互动而产生，而各主体的贡献无法准确测度，加之企业边界的模糊性和动态性，数据资源的产权无法准确地划归给确定的主体，使得企业对数据资源"不求所有，但求所用"。其二，数据作为一种有别于传统资源的资源因其不具备独占性而可以被多主体同时使用且不会产生竞争，数据资源还具有自生长性、高流动性、低交易成本等特征（魏江和刘洋，2020）。其三，数据资源由于来源不唯一而分散在各个系统中，且类型多样、标准不一、质量参差。总之，数据资源对企业竞争优势的赋能作用取决于企业更加底层的数字化能力。

数字技术嵌入增强了企业的学习效应，诸多企业能力劣势能够在极短时间内得以弥补（如从营销能力到数字化营销能力），同时诸多能力优势也因数字技术嵌入而易于被模仿（如制造能力与智能制造能力）。数字技术嵌入企业运营活动及运营方式中，网络的强大的跨边连接效应使企业可以更加轻松地获得并整合能力构建所必需的内、外部支撑，这种快速且低成本的学习模仿导致企业彼此之间的相对竞争优势往往不可持续。数字技术嵌入确实在一定程度上加剧了企业间竞争，但也意味着企业数字化能力决定了其学习其他能力的速度和效果，成为企业竞争优势在内部能力范畴更深层次的能力基础。

总之，无论是数据资源的重要性提升要求企业发展数字化能力，还是加强数字化能力以提升其他能力的学习模仿效率抑或保持能力的领先，都要求企业将战略分析的内部焦点转移到企业的数字化能力上来。

2. 数字时代战略分析框架的要求

定位即选择，选择是战略的本质所在，如果没有选择，就没有必要制定战略（Porter, 1980）。相较于20世纪80年代的企业一般竞争战略，波特关于"定位—取舍—配称"的战略框架隐含了其对战略定位态度的转变：跳出产业边界的束缚而关注消费者价值创造过程，即基于产品品类、客户类型和中间接触途径进行战略定位。尽管这种转变已十分出彩，但其仍旧认为低成本、差异化、集中化选择是概括战略定位特征行之有效的工具。面向管理新现实的挑战，企业定位要求在产业生态系统中而非单一产业中进行。产业融合发展形成"平台+微粒"的产业生态网络，在某一特定的产业生态网络中，企业的战略定位无论是针对客户需求还是产品和服务的种类抑或两者之间的接触途径，最终都可以反映为链接和节点两种情况。

故此，本书考虑企业面向消费者情境进行价值创造时，以在产业生态系统网络中的角色定位（position in industrial ecological network）——网络链接和网络节点，以及数字时代企业竞争优势内部来源的关键——以及数字化能力（digital capability），构建数字时代企业战略分析新的框架（后称P&D框架）。

第二节　企业战略分析的 P&D 框架

1. 产业生态网络定位

企业在产业生态网络中的定位一方面取决于企业当前业务在所处产业生态网络的价值链地位，即有无核心竞争力，其具体识别机制可参照 Prahalad 和 Hemel（1990）关于公司核心竞争力的研究；另一方面则取决于其所处产业生态系统网络在当前是否存在价值断裂，产业生态网络的价值断裂情况指向企业业务所嵌产业链的价值创造和价值传递的完整性：在相对较完善的传统产业生态体系中以是否存在平台确认其是否存在断裂，在新兴产业生态体系中则以产业链闭环与否及效率高低确认其是否存在断裂（这里认为效率低也属于断裂的范畴）。产业生态网络定位的具体分析依据参见表 3-1。

表 3-1　产业生态网络定位分析

企业当前业务所处价值链的地位	企业所处产业生态网络的现状	
	有价值断裂	无价值断裂
有核心竞争力	网络链接 +++ 网络节点 +	网络链接 + 网络节点 ++
无核心竞争力	网络链接 ++ 网络节点 +	网络节点

注："+"数量确认了建议定位选择的优先级。

其一，当企业在所处价值链中具有核心竞争力且产业生态网络存在价值断裂时，其最优选择是成为网络链接，通过网络链接能力建设（如研发平台、制造平台、交易平台等）主导产业生态网络中的平台生态发展。当然，其也可以选择成为网络节点，但产业生态缺失网络链接导致网络效应不强，网络节点的价值将不会得到最充分的释放。其二，当企业在所处价值链中具有核心竞争力且产业生态网络无价值断裂时，其最优选择是成为网络节点，网络节点可以帮助其最快速地获得在既有生态网络中的竞争地位，最终可能实现网络生态领导者的逆袭。当然，企业也可以选择成为网络链接，这意味着其将与既有网络生态领导者产生正面冲突，尽管其核心竞争能力能够部分抵消冲突带来的压迫，但冲突失败的风险依旧很高，这对企业而言并不经济。其三，当企业在所处价值链中没有核心竞争力且产业生态网络存在价值断裂时，其最优选择也是成为网络链接，同样需要付出努力求得在产业生态网络中的立足之地，成为网络链接会给企业带来更多的机会，利于其在平台成熟后渗透到网络节点。当然，当其认定网络节点的价值意义高于网络链接时，其同样可以将自己的定位选择为网络节点。其四，当企业在所处价值链中没有核心竞争力且产业生态网络没有价值断裂时，其就只能选择成为网络节点，在既定业务基础上构建自身核心竞争力，提高企业在产业生态中的生存能力，在时机成熟时谋求战略转移。

这种定位分析不仅适用于已经存在的企业，当一个企业选择转型到新的领域或者企业新创成立时，对于目标业务而言，其仍旧存在有无核心竞争力的差别，这种定位分析仍旧适用。

2. 企业数字化能力评估

参考现有研究的相关结论（魏江和刘洋，2020；陈畴镛和许敬涵，2020；Jason 和 Brian，2018），一方面为准确刻画企业的数字化能力水平；另一方面为确保评估体系的系统性以及方便企业实际操作，本书最终建议的评估指标参照传统企业战略分析关注的内部能力。且前述已指出，企业数字化能力决定了其对传统战略分析框架中内部能力的学习速度和效果，即后者可以被视为企业数字化能力在企业战略分析框架中内部范畴的落脚点，具体指标和说明详见表3-2。

表3-2 企业数字化能力水平考量指标

评估指标	说明
技术技能的数字化水平	1. 生产技术的数字化水平：是否采用数字化的生产技术，水平如何。 2. 质量控制体系的数字化水平：能否采用数字化的手段对质量控制体系进行管理，水平如何。 3. 营销体系的数字化水平：数字化营销能力水平。 4. CRM的数字化水平：是否采用数字化的手段管理客户关系，水平如何。 5. 采购体系的数字化水平：是否采用数字化的手段对采购流程和采购内容等进行管理，水平如何。
有形资产的数字化水平	1. 生产流水线的数字化水平：智能化生产能力。 2. 资料管理的数字化水平：档案电子化管理能力。 3. 车间和设备的数字化水平：车间和设备的智能化水平。
无形资产的数字化水平	品牌的数字化水平、公司文化的数字化水平、商业信用的数字化水平：企业内、外部是否建设有完善的数字化渠道和网络，用以宣传和贯彻公司的品牌、文化及商业信用，获得社会认同。
人力资源的数字化水平	1. 员工的数字化知识和技能水平：员工对数字化知识和技能的掌握水平。 2. 员工的数字化改造水平：员工对数字化知识的学习和吸收能力，即员工数字化可塑性。 3. 员工经验的数字化水平：能否将员工的经验转化成数字知识进行存储和内部传播。
组织体系的数字化水平	1. 控制体系的数字化水平：是否采用数字化手段进行组织体系控制，如项目进度跟踪与督促、绩效考核等。 2. 信息管理系统数字化水平：信息系统间接口标准化能力、数据驱动能力等。 3. 融资能力的数字化水平：是否能够有效地借助数字化渠道对接到投资方，是否能够依托数字化技术有效地展示项目优势（如音频、视频、图片、文字等的设计和展示能力）。
竞争能力的数字化水平	1. 产品开发的数字化水平：能否采用数字化手段进行产品开发，水平如何。 2. 经销商网络的数字化水平：能否依托数字化工具架设和管理的经销商网络，能力如何。 3. 供应商网络的数字化水平：能否依托数字化工具架设和管理的供应商网络，能力如何。

当同时考虑产业生态网络定位和企业数字化能力水平时，会存在一种特殊情形：企业所处产业生态系统网络属于数字技术领域，其产业生态网络定位分析和自身数字化能力评估存在重叠。即若企业数字化能力高意味着其业务有核心竞争力，对此，其战略选择由产业生态网络中的价值链断裂情况确认。

3. P&D 战略分析框架

构建数字时代企业战略分析的 P&D 框架，并结合领先企业实践识别出三种典型的企业战略，如图 3-1。

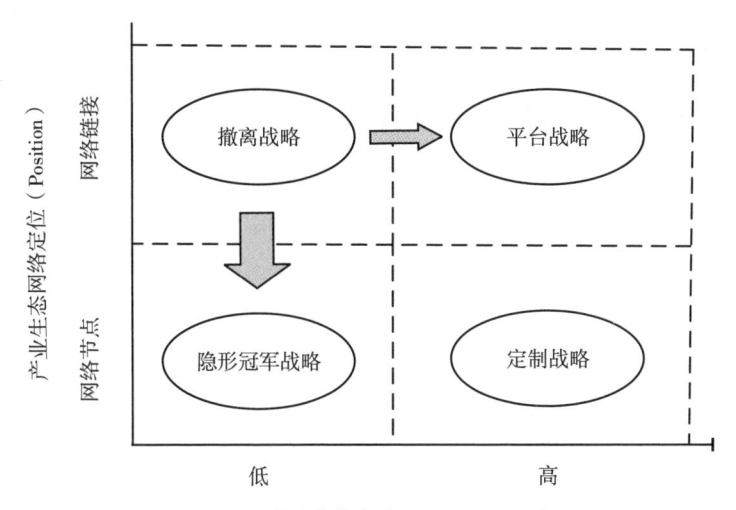

图 3-1 企业战略分析的 P&D 框架

注：撤离箭头的粗、细分别代表建议撤离选择的先、后。

其一，当数字化能力的企业定位选择为网络链接时，确认其战略为平台战略。既定的产业生态网络中包含一个或多个相互协同或者嵌套的平台，平台在产业生态网络中的功能是为网络节点的价值创造提供协同的基础设施、工具，以及其他相关的条件，如信息获取、协同对象识别、沟通机制、交易机制等。其二，当具有高数字化能力的企业定位选择为网络节点时，确认其战略为定制战略。已有研究对制造企业的定制模式进行了充分且必要的研究（孙新波和苏钟海，2018；肖静华等，2018；王钦，2016），但不管是选择何种定制模式，数字时代的企业定制战略都要求企业能够恰当地运用数字技术及其所嵌平台的赋能资源与消费者进行有效的互动。其三，具有当低数字化能力的企业定位选择为网络节点时，确认其战略为隐形冠军战略。隐形冠军战略用以指代通过持续专注某一细分产品领域而获得该领域领先和卓越地位的企业战略，在这类企业战略中，数字技术是产品或者服务精益求精的工具和手段（如只作为营销的渠道），拿来即用而不用消耗企业过多的注意力。其四，数字化能力低的企业定位选择为网络链接时，确认其战略为撤退战略。缺乏有效的数字化能力，企业无法构建起有效的网络链接，其可以选择聚焦产品和服务向隐形冠军战略撤退，也可以通过构建和强化数字化能力进而向平台战略撤退，但选择向平台战略撤退意味着其在战略选择后的取舍和配称过程要同时付出数字化改造网络节点的巨大代价（其核心业务不在数字领域时更甚），因此建议优先选择隐形冠军战略。

现实中有的企业同时采取平台战略和定制战略（如阿里巴巴、海尔、酷特智能等），有的企业既是行业隐形冠军也是其所属产业生态的平台领导者（如华为、美的等），显然，企业选择同时执行两种或多种不同战略明显地依赖二元或多元组织，尽管战略之间存在协同，却由不同的战略主体独立执行，这与P&D框架并不冲突。

最后，这三种典型的企业战略选择之间存在可转移性，如执行隐形冠军战略的企业通过构建和强化自身数字化能力可以转为执行定制战略，并且其如果想在定制战略框架下保有产品和服务的隐形冠军优势，必须要在内部执行二元组织，分别实施这两种战略。其他战略转移情形的逻辑与此类似，不予赘述。

4. P&D 战略分析框架与传统战略分析框架的区别

根植于数字时代的企业战略 P&D 分析框架与传统的企业战略分析框架具有明显区别。首先，就其对产业结构的基本假设而言，数字技术嵌入驱动了产业的融合发展，整体联系、复杂、动态的产业生态系统概念取代了传统边界明晰、结构稳定的产业概念。同时，数字技术的发展推动用户逐渐成为市场供需双方的主导力量（Priem 等，2013），企业发展逻辑也由企业主导转向需求主导。其次，产业融合发展要求将消费者需求视为产业生态网络的内生要素，网络中的其他要素围绕消费者需求的价值创造需要而实时协同，产业生态网络因此呈现开放性和动态性特征，这意味着确认竞争对手身份变得不切实际，P&D 分析框架必须也只能将企业竞争关注的焦点从竞争对手转移到消费者需求之上，而以市场份额所表征的企业竞争优势最终在用户价值上得以体现。此外，不同于传统企业战略范式将消费者视为价值创造后的交易对象，P&D 分析框架强调消费者是价值创造的参与者，其之于产业生态系统的价值在于用户交互。最后，传统企业战略分析是综合产业环境的威胁、机会以及内部的优劣势进行定位和选择，但无论是选择高成本、低成本还是多元化、集中化，其终极目标都是想通过低成本进行价格竞争而取胜。在 P&D 分析框架下，企业战略需要在面向消费者价值创造的生态网络中进行定位——链接或节点，产业生态网络的价值节点凭借网络链接与其他价值节点高效协同，最终创造消费者价值，即 P&D 框架要求链接和节点企业瞄准消费者让渡价值。产业生态系统中，企业间不存在简单的竞争关系，取而代之的是以价值创造和价值分享为目标的复杂竞合关系。继承福列特（2014）的观点，可以将前者的哲学根基视为竞争哲学，后者视为合作哲学。

综上，整理P&D分析框架与传统企业战略分析框架的关键维度比较如表3-3所示。

表3-3 P&D分析框架与传统企业战略分析框架的关键维度

关键维度	P&D分析框架	传统战略分析框架
产业结构假定	整体联系、复杂、动态的产业生态系统	边界清晰、结构稳定的产业系统
产业边界假定	模糊、融合	清晰
企业发展逻辑	需求主导	企业主导
竞争目标	用户价值	市场份额
竞争关注点	用户需求	竞争对手
竞争焦点	让渡价值	低成本
客户价值	用户交互	消费者交易
哲学基础	合作哲学	竞争哲学

产业生态系统中，尽管消费者价值创造活动的过程同样会产生竞争，但这种竞争会因为价值创造活动的结束而结束，不会带来持续性挑战，数字时代并没有竞争对手和合作伙伴的明确界限。同时，有两点非常值得声明：其一，传统企业战略的竞争思维根深蒂固，即便是提供了新的企业战略范式，但如同错将运营效益等同于战略一样，必然还会有或多或少的企业将竞争当作战略目标去追求。为此，殷切期望企业战略实践者谨记——竞争只是企业进行独特的运营活动或运营方式实现独特价值组合过程中无可避免的问题，却不是企业战略的目标。其二，产业生态系统中的竞争以最佳价值创造和产出为导向，其实质是基于企业资源与能力相对优劣势的选择。认识到此，企业便可能摆脱传统追求低成本的恶性价格竞争，推动自身迈向聚焦能力持续构建与提升、资源持续开发与优化的新商业文明。

第三节 P&D 分析框架的实践例证

1. 阿里巴巴集团的平台战略

阿里巴巴作为发迹于互联网时代的科技巨头，成立之初，电商产业领域存在巨大的市场空白，几乎所有电商创业企业都处在数字化的同一起跑线上，阿里巴巴通过选择和实施平台战略，今天已经成为电子商务生态中全球领先的平台企业。

依 P&D 分析框架，阿里巴巴初创时，电商生态网络存在价值断裂且其在主营业务方面没有核心竞争力（新创的电商企业），确认其产业生态网络定位优先选择网络链接。进一步地，因其在电子商务领域的先发行动确认其具有相对较高的数字化能力，P&D 分析框架建议其战略定位为平台战略。显然，阿里巴巴后来的发展符合 P&D 分析框架的预测。发展至今，数字化能力已经成为阿里巴巴的核心竞争力之一，这帮助其有力地在其他存在价值断裂的细分产业生态领域中顺利地执行平台战略，例如盒马鲜生、社区团购等。同样，强大的数字化能力也使阿里巴巴有能力拆分出独立的组织并将其战略定位为网络节点，执行定制战略，如犀牛工厂等。

2. 青岛酷特智能股份有限公司的定制战略

红领（酷特智能前身）是一家知名的传统服装代工厂，于 2007 年改组成立酷特智能，战略指向用流水线大规模生产的模式为消费者提供定制服务。经过十余年的探索和几亿元资金的投入，酷特智能对其制造工厂进行了智能化升级，并打通了供应网络的数据，酷特智能今天不仅具备服装的流水线定制能力，还具备了连接和整合多边资源的平台能力，并已发展成为智能制造的典型代表。

依 P&D 分析框架，酷特智能在转型前的服装业务方面具有明显核心竞争力，而彼时服装产业生态网络中并不存在网络链接型的大型平台企业，即存在价值断裂，故其在产业生态网络的定位应为网络链接，但结合其转型之初数字化能力极低的现实，P&D 分析框架确认其战略选择为撤退战略，并且建议其优先向隐形冠军战略撤退。事实是酷特智能选择同时实施定制战略和平台战略，战略优先级的跨越和多战略兼顾使其付出了十余年时间和几亿元资金进行平台建设和网络节点数字化能力改造的巨大代价。显然，一般的企业并没有能力承担此种战略优先级跨越和多战略兼顾所要求的巨大时间成本和资金投入，进而也就无法确保其能够达成这种错误的战略选择。

3. 义乌双童日用品有限公司的隐形冠军战略

双童公司成立于 1994 年，多年来持续专注于吸管产品的研发、生产制造和销售，经过几十年的发展，双童公司持续精进并研发出了不同材质（如玻璃、不锈钢、纸、PLA、淀粉等）、不同样式（单弯艺术、双弯艺术、弯、直）、不同功能的吸管，其今天已经发展为全球吸管产业规模、技术和品牌领先的龙头企业。

依 P&D 分析框架，双童公司早期就定位且专注于吸管产品业务，作为小工坊发展起来的传统生产性企业，其最初的数字化能力水平较低，进而可确认双童公司的战略选择应为隐形冠军战略。双童公司后来的发展符合隐形冠军战略的预测，并且其今天可以借助数字化技术对自身的产品创新、市场营销甚至是内部管理等进行赋能。作为专注吸管研发和生产的企业，时至今日其仍旧没有选择成为产业生态网络中的平台，而是借助外部平台更好地执行其隐形冠军战略，如其借助淘宝、亚马逊等电商平台将产品销售到世界各地，最大限度地释放自身产能等。

4. 沈阳机床股份有限公司的智能制造平台战略

沈阳机床过去是世界机床行业的龙头企业，产品销量多年位居全球第一。从 2007 年起，沈阳机床基于 i5 智能机床开始布局其 iSESOL 制造平台战略，其大力投入数控机床及其他技术的研发费用高达 7 亿元，后台大量实验及量产验证等费用总计接近 12 亿元。通过与区域政府及企业签订合作协议等方式，沈阳机床大力推动其数字化终端（智能数控机床）以"零元租赁"的形式布局到全国各地，截至 2018 年 5 月，iSESOL 服务范围已涵盖 26 省、161 市，连接智能设备 11200 多台。但庞大的研发投入和重资产的数字化终端布局并没有让沈阳机床获得连接零散客户所释放的巨大能量，反而给其带来了巨大的现金流风险。2019 年 7 月，沈阳机床宣布破产重组。

基于 P&D 分析框架，转型之初的沈阳机床在机床产品方面具有明显的核心竞争力（世界第一的机床企业），同时机床产业生态并不存在网络链接型的大型平台企业，即存在价值断裂，故其在产业生态网络中的定位应为网络链接，结合其转型之初数字化能力极低的现实，P&D 分析框架确认其应该选择撤离战略，并且建议优先向隐形冠军战略撤退，即通过深入研发机床产品成为机床产业生态的产品领导者，数字化能力稳步提升后再选择向定制战略或者平台战略迁移。沈阳机床后来的实践并没有遵循 P&D 分析框架所确认的战略设想，显然其也没有很好地应对战略优先级跨越所需的平台建设和终端数字化改造带来的巨大成本，这或许是沈阳机床转型失败的原因之一。

考虑数字时代下平台对资源的整合优势，P&D分析框架的实践运用可能会产生这样的误解：企业争先恐后地在所属领域甚至转入新的领域寻找价值断裂的产业生态，通过选择成为该产业生态中的网络链接，执行平台战略。但平台战略的实施需要有坚实的网络节点基础，如果网络节点缺失严重，那么企业的平台战略选择在后续的取舍和配称过程中就需要付出巨大代价。如酷特智能公司在花费了十余年时间、几亿元资金打造智能制造工厂，并对供应商数据驱动式响应体系建设、设计师模块化设计等网络节点进行数字化改造之后，才有能力推动其在服装产业生态网络的定制战略和平台战略获得成功。又如沈阳机床在转型时无视网络节点的缺失而在机床产业生态中执行平台战略，致使其在平台基础设施搭建的同时还需额外损耗大量精力和财力进行数字化终端改造和布局，最终影响了其转型。须明白，平台固然风光，但除去节点，链接便毫无价值。甘于做产业生态网络的节点同样可以帮助企业更好、更快地建立核心竞争力，无论是嵌入已有平台还是自建平台，其在产业生态网络中的关键性都不容忽视。

第四章

数字赋能产品设计创新

数字技术确实极大改变了产品的研发设计理念、流程和工艺等,但对于不同类型的产品,数字技术对其产生影响的机制和程度并不相同。一方面,像医药等高知识含量、高成本型的产品,数字技术可以推动其实现高效、精确研发,但企业却不能将研发设计的主动权交给消费者,企业仍旧需要掌握产品研发的主导权,因为消费者缺乏参与这类产品研发设计所必备的复杂知识。但另一方面,数字技术可以帮助消费者更好地参与知识复杂性相对不高的产品的研发设计,进而帮助企业提高消费者对设计产品的满意度,尤其是消费者关注外观型的产品,比如服装、茶杯、围巾等。

　　我将对消费者参与所需专业性知识要求不高的产品区分为面向消费者个体的产品(消费者侧重外观的产品)和面向消费者群体的产品(消费者侧重功能的产品)。在明确产品传统设计模式存在问题的基础上,着重探讨数据及数字技术对这两类产品精准设计的赋能机制,最后进一步地阐释数字赋能产品精准设计的关键。

第一节　产品传统设计模式的问题

　　过去,从事产品设计的传统生产企业通常要通过市场调研和预测或是按照企业的主观判断,决定下阶段的潮流趋势。一个样式的开发设计通常需要多个部门的合作,经过漫长的设计过程然后才有设计成果。另外,为检验设计结果的市场热度,企业往往需要进行小批量的试销获知消费者反馈,进而对产品进行改进和完善,最后才进行批量生产,过程如图4-1所示。

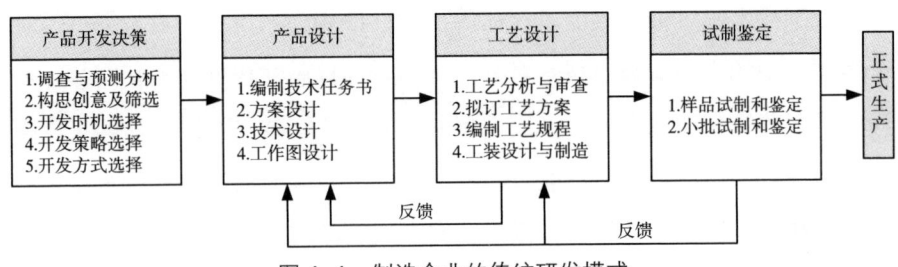

```
┌─────────────┐   ┌─────────────┐   ┌─────────────┐   ┌─────────────┐   ┌──┐
│ 产品开发决策 │   │  产品设计   │   │  工艺设计   │   │  试制鉴定   │   │正│
│1.调查与预测分析│ │1.编制技术任务书│ │1.工艺分析与审查│ │1.样品试制和鉴定│ │式│
│2.构思创意及筛选│ │2.方案设计   │   │2.拟订工艺方案│ │2.小批试制和鉴定│ │生│
│3.开发时机选择│   │3.技术设计   │   │3.编制工艺规程│   │             │   │产│
│4.开发策略选择│   │4.工作图设计 │   │4.工装设计与制造│ │             │   │  │
│5.开发方式选择│   │             │   │             │   │             │   │  │
└─────────────┘   └─────────────┘   └─────────────┘   └─────────────┘   └──┘
                      ↑       ↑反馈       ↑       ↑反馈
                      └───────┴───────────┴───────┘
```

图 4-1 制造企业的传统研发模式

传统制造企业的库存之所以总是不能消除，是因为企业总是在从事预测生产，进而需要库存来应对弹性需求。进一步地，当市场需求不能达到生产量对等的预期时，就推动了企业产品营销手段的发展。也就是，预测生产是造成企业营销和库存成本的根源性原因。在数字时代，通过给消费者提供需求表达的渠道，实现消费者所想即所得（即便在未来的某个时点，消费者可能会不喜欢自己设计的产品，但是其仍旧会买单，人性并不会倾向于自我否定，这是个人存在意义），可以让企业跨越长期的库存仓储和营销过程而直接进行生产。

在过去自给自足的社会中，消费者就是生产者，生产者就是消费者，产品生产都能被很好地利用，而不会产生库存，也不会产生无用供给。渐渐地，随着生产技术的提升，产品出现剩余，商品交易就发生了，但这个时候生产者生产产品主要还是为了满足自身的需求，把生产结果拿去交换只是极少存在的状况。再慢慢地，在效率追求下，形成了生产与消费相互脱离的情形。今天的部分商业变革（尤其是那些不依赖消费者喜好的产品），就是要回归到过去，赋予消费者参与设计和制造的机会和平台，提高产品的成交率。在某种程度上说，企业更像是帮助消费者实现其需求的辅助，而不会主宰消费者对产品的取向，产品和服务主权要交还给消费者。

第二节　数字赋能产品模块化设计

我们以酷特智能的服装定制业务为例，探讨消费者侧重外观的一类产品的数字赋能设计机制。

服装是迎合个体消费者的产品，在保暖基本不成为服装最大功能诉求的今天，消费者更加关注服装的外观，其设计的最佳结果是能够满足每个消费者的需求，即定制。服装定制并非完全独立的设计创新，而是基于给定模块的组合式创新，这并不需要太复杂的专业知识，因此每个消费者都可以参与到这个过程中。酷特智能数字赋能服装产品的研发设计主要分为消费者数据收集和消费者数据利用两大方面。

在数据采集方面，酷特智能创新了"3-1坐标测量"，从身体的19个位置快速测量出产品设计所必需的22个参数。这使得员工和消费者可以轻松测量和获取消费者身体的参数。此外，酷特智能还开发了一套标准化的服装模块系统。这些模块大部分来自众包或者全球知名设计师的外包，而其他模块则由自有设计师设计。当这些模块出现在移动界面上，消费者就可以将他们最喜欢的模块拖到一起，组合进而生成个性化的组合设计结果。正如酷特智能副总裁所描绘的：

大多数消费者并不知道他们想要什么，我们用于定制的 App 和小程序让他们有机会在给定的集合中选择他们喜欢的模块。我们的可视化操作界面可以实时呈现他们自己组合的设计结果，以便他们决定设计结果是否符合他们的要求。这为每个消费者都提供了极大的便利，并降低了他们参与定制的成本。

同时，酷特智能分布广泛的数字触点能够快速捕捉并对消费者需求进行数字化处理。首先，酷特智能开发了面向移动终端的自主定制服务小程序和App（Cotte Yolan），消费者可以根据其"3-1坐标测量"方法，通过引导视频自行测量自己的身体参数，然后上传测量结果。其次，如果消费者想要获得测量服务，酷特智能还将线下门店和魔幻大巴（移动门店）布局到了全国37个大中城市，消费者可以从就近的门店或随叫随到的魔幻大巴获得服务。除此之外，这些线下门店和魔幻大巴还提供新产品展示、体验和咨询服务。通过数字设备配备的终端，酷特智能与消费者保持紧密的联系，消费者可以轻松表达他们的个性化需求（包括个人身体参数和偏好模块的组合）。我们构建了数字赋能侧重产品外观消费者的数据收集过程机制，如图4-2所示。

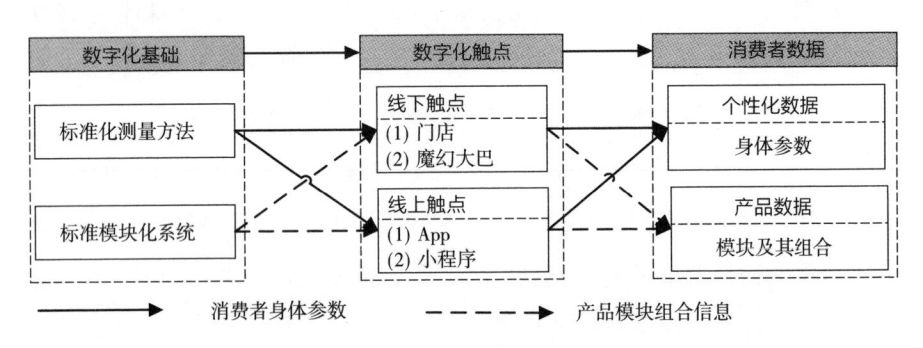

图4-2 数字赋能消费者的数据收集

收集消费者的需求数据只是完成一件衣服定制的第一步，如何将这些标准化的结构数据转化为设计结果是其定制的关键。对此，酷特智能对其定制系统的编码和解码规则进行了标准化建设，这些编码在酷特智能的多个协同信息系统中是通用的，包括模块化系统、CRM（客户管理系统）、SCM（供

第四章 数字赋能产品设计创新

应链管理)、ERP（企业资源计划）、存储系统、绩效管理系统等。如前所述，酷特智能开发了一套模块化系统，可视化的定制应用以 App 和小程序的方式部署在消费终端上。消费者可以通过在终端设备界面上拖动自己喜欢的模块，准确表达自己脑海中模糊、不易形容的需求，并及时得到可视化的精准设计效果。此外，消费者在终端确认订单后，消费者的身体参数、偏好模块和模块化组合将被传输到酷特智能的数据中心。然后，酷特智能的数据中心自动将其从终端接收到的代码（精确设计的结果）转换为生成指令。最后，在这些指令的驱动下，自动化机器和配备数字设备的员工便可以按图索骥地开展服装的研发设计。正如我们在其 3D 工厂中所观察到的：

> 酷特智能将其服装生产分为 400 多道标准化的流水线工序。设计结果的代码可以转换成其服装自动化机器的指令，包括自动制版机、剪裁设备、熨烫设备等。当有一些必要的程序需要人工操作时，酷特智能为每件定制的服装开发了身份证（RFID 卡），每件定制服装在通过流水线时，操作人员将服装身份证放在电子阅读器上即可得到准确的指令。例如，负责缝制纽扣的员工会得到关于选择什么纽扣、什么丝线以及缝制什么样式的指示。

通过借助这些数字技术，酷特智能实现了服装的精准研发设计。梳理并绘制酷特智能数字赋能产品模块化设计的机理如图 4-3 所示。

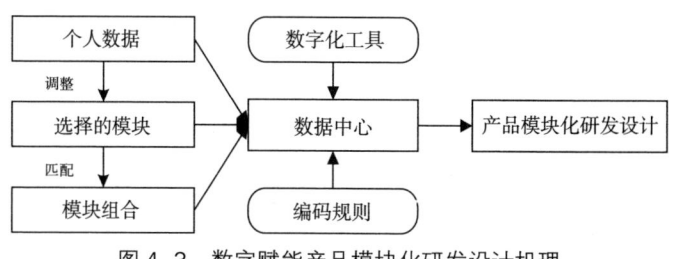

图 4-3 数字赋能产品模块化研发设计机理

第三节　数字赋能产品交互式设计

我们以青岛雷神科技股份有限公司的笔记本设计为例,探讨消费者侧重功能的一类产品的数字赋能设计机理。

雷神科技生产高性能的游戏笔记本电脑,迎合特定的消费者群体(电脑游戏玩家),相比于外观,消费者更加关注笔记本的性能,这种侧重决定了并不是每个消费者都可以参与其产品研发设计,而是具有特殊知识和技能的消费者才具备这种参与能力,即独特的消费者。我们同样分数据收集和数据应用两个阶段来讨论雷神科技数字赋能其游戏笔记本研发设计的机理。

在数据收集方面,雷神科技创新了很多场景以识别有价值的消费者,并专门配备了专业的人员来收集和理解消费者的需求、投诉和建议等。首先,通过专业媒体的广泛宣传,为申请者提供公开的测试样机,如贴吧上的"大神"(一般为极优秀的审查人)和"吧主"(一般为意见领袖),通过雷神科技选定的申请人被要求在使用一段时间后对产品进行相关评估。其次,雷神科技还通过直播和线下粉丝派对等方式开展产品体验活动,增强与消费者的互动。每次互动都为雷神科技从意见领袖那里收集其对游戏笔记本的评论和建议提供了机会。基于这些特殊的场景创新,雷神科技识别了具有影响力和吸引力的消费者。最后,雷神科技内部的专业人员会从这类消费者的建议和评论中识别和理解他们的真实需求,这些需求将被存储在数字设备中,然后成为数据分析和数据挖掘的材料,最终为产品改进(例如降噪和散热)提供证据支持。正如其网站上所述:

第四章 数字赋能产品设计创新

雷神科技产品团队通过定期浏览贴吧的帖子来跟踪消费者对游戏电脑的需求。此外，他们还与第三方电脑游戏"专家"直接互动，他们专业知识丰富，立场公正，经常给出意想不到的建议。

综上，构建数字场景创新和专业人员赋能消费者数据收集的机理如图4-4所示。

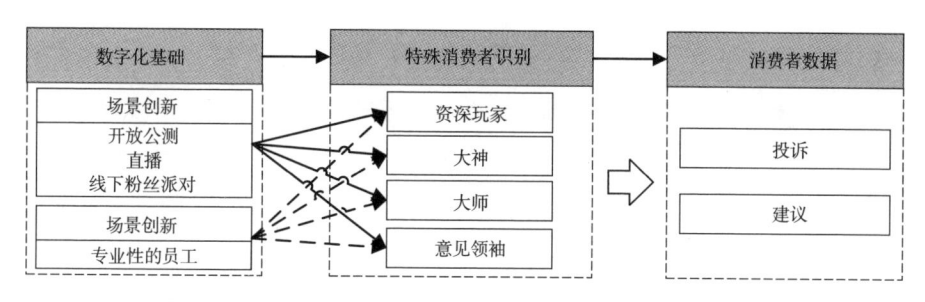

图 4-4 数字赋能消费者的数据收集

通过与从创新场景（线上和线下）中脱颖而出的特殊消费者进行互动，雷神科技专业的员工收集了他们对其游戏笔记本的投诉和建议（例如备忘录、视频、音频），并将这些数据存储在数字设备（通常是数据库）中。这些收集到的数据需要经过清理和分析才能被运用到产品精准研发设计之上，因为并非每个投诉或建议都有价值，或者由于技术限制而无法解决。同时，一些有价值的消费者的投诉和建议有时较为晦涩，知识点也较密集，为了区分最有价值的想法，雷神科技致力于开发其数据分析（例如，词频统计和聚类）、数据挖掘技术（例如，回归和 OLAP 方法），并且要求前端交互的人员除了具备极强的交流能力外，也要求其具备一定的专业知识。最后，雷神科技从收集的数据中获取对产品创新和优化有用的知识。我摘抄了其官网的一段报告，其很生动地反映了这一重要的数据运用过程：

> 我们从网上消费者对游戏电脑的负面评价开始，通过论坛、贴吧以及QQ与消费者互动，我们收集了3万多条负面评论，然后对这些负面评论进行分类分析，最终开发出消费者想要的产品。

雷神科技利用数字技术基于其消费者数据赋能产品设计的机制，还可以在公司网站的文化宣传上得以体现：

> 雷神科技的产品秉承"不互动、不开发、不公测、不发售"的原则，从诞生到快速成长，凝聚了众多粉丝的心血。"与用户做朋友"一直是雷神科技的理念，通过与粉丝的持续沟通，我们得到产品每一次迭代的想法和方向，密切倾听玩家的心声，提供他们需要的解决方案。[1]

因此，我们构建了数字赋能产品交互式研发设计的机理如图4–5所示。

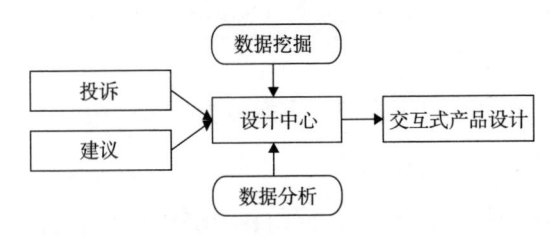

图4–5 数字赋能产品交互式研发设计机理

---

[1] 可参见雷神科技官网介绍。

第四节　数字赋能产品设计的关键

已有的研究结论以及酷特智能和雷神科技在产品设计中的消费者数据创新运用实践，构建企业基于消费者数据进行数字赋能产品设计的机理模型如图 4-6 所示。

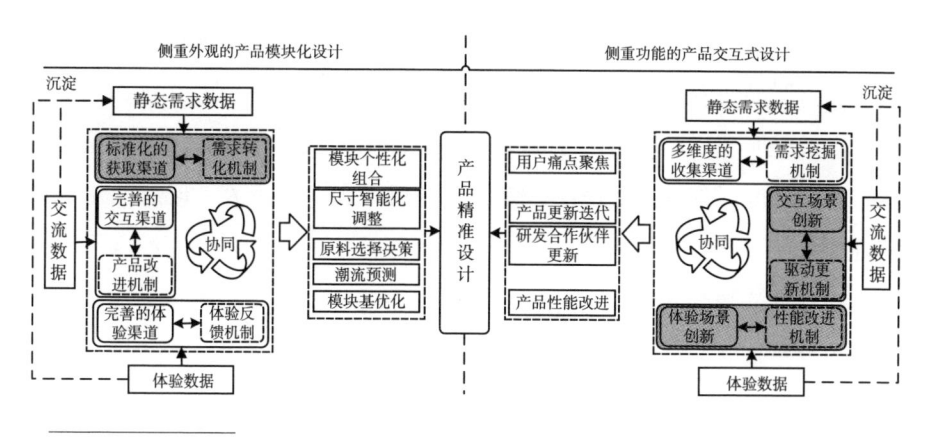

注：灰色部分代表侧重。

图 4-6　基于消费者数据赋能产品设计机理

如图 4-6，酷特智能的服装产品侧重外观，其在设计过程中更倾向于消费者数据的获取及标准化运用。而雷神科技的游戏笔记本产品侧重产品功能，其在设计过程中除了从静态数据挖掘消费者需求，更侧重于创新与消费者群体交互和体验的场景，进而获得动态实时数据。在场景创新过程中，雷神科技还可以很好地筛选而获得具有代表性的消费者个体，这让雷神科技在获得产品更新和迭代动力的同时提高了消费者对其品牌的关注度。

1. 形成消费者需求驱动的设计思维

传统的产品设计模式多以企业自身为中心，在市场调研的基础上进行产品研发设计并进行试销，然后根据试销情况决定后续是否追加产品的生产。然而在市场环境急剧变化的今天，这种凭借先验经验的做法已经不再适用，现实呼唤制造企业采用更加即时、精准的产品研发设计方式和方法（Guo 等，2018）。企业发展消费者需求数据驱动的思维，可以促进其实现消费者需求数据对产品精准研发设计的赋能：通过借助数字时代先进的信息网络技术挖掘消费者需求，通过消费者需求的数据化与联网化拉近企业与消费者的距离，贴近消费者的需求，把决策权交给最终买单的消费者，实现产品研发设计从由内而外的推动式思维向由外而内的拉动式思维转变。最终实现以消费者需求为导向的产品研发设计范式，提高消费者对产品的满意度，降低企业产品研发设计的风险和库存压力（Tseng and Lin，2011）。

结合酷特智能和雷神科技的实践，对企业导向和消费者导向产品研发的几个重要维度进行比较，结果如表 4-1 所示。

表 4-1 企业导向和消费者导向的产品研发设计模式对比

比较维度	以企业为导向	以消费者为导向
消费者参与程度	低或无	高
产品开发风险	高	低
产品开发成本	高	低
产品开发速度	慢	快
消费者满意度	不确定	高

2. 延伸信息触角并加强数据沉淀

制造企业运用消费者需求数字赋能产品精准研发设计的前提是要获得消费者的需求数据，这要求企业在深度和广度上延伸自己的信息触角去接收消费者的各种需求信号。消费者需求数据驱动的产品研发设计要求制造企业完善与消费者交互的渠道，使其尽可能地接收到消费者的需求数据，并及时地传输给企业决策中心，进而推动企业的产品研发设计、生产及服务。制造企业遍布消费者需求表达各种场景的信息触角，能够帮助企业获得消费者全方位的消费需求，进而使其掌握消费者完整的消费需求画像，降低消费者与企业之间就消费者需求信息的不对称，避免以偏概全（冯泰文，2013）。

此外，酷特智能和雷神科技都对消费者需求数据进行了沉淀，通过借助强大的数据库系统对消费者的动态数据进行管理，实现动态数据的静态转化，通过沉淀足够的数据量为进一步的消费者价值挖掘提供可能。

3. 完善消费者需求的转化机制

互联网信息技术的发展使得企业与消费者之间的界限变得模糊，也放大了消费者参与产品生产和服务过程的欲望。顺应这样的趋势，企业都知道要拉近与消费者之间的距离，形成消费者驱动的资源整合策略，但现实中有很多实践企业除了通过信息技术实现高效的信息传递外，并没有太多可行的具有针对性的策略。

制造企业通过完善的交互渠道和转化机制，与消费者形成了双向赋能机制：通过完善的交互渠道实现制造企业赋能消费者的需求表达，通过完善的转化机制实现消费者需求赋能和制造企业的产品精准设计。该过程机制如图4-7所示。

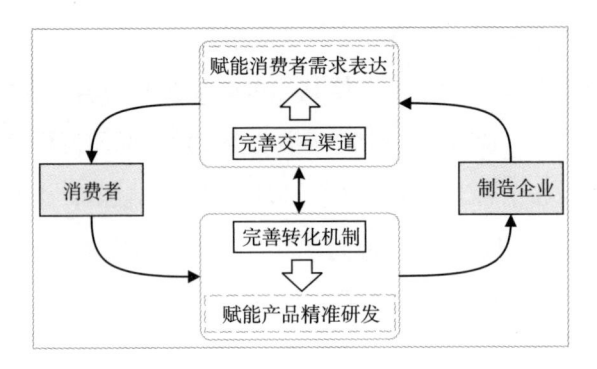

数字赋能：数字时代的企业创新逻辑

图 4-7 产品精准研发设计过程中制造企业与消费者的双向赋能机制

总而言之，对于可以由消费者主导的产品，消费者手里掌握的不仅仅是需求，很多情况下还有解决这个需求的思路。因此，企业方面应该放下身段，向用户学习，用用户的思维去解决用户的需求，尽可能地让用户满意，这能极大程度地提高用户对产品的黏性——极少有人会否定自己的选择和决定。未来，对于大部分的产品生产和消费，用户就是企业的临时员工，当用户需要某种产品和服务时，其可以转变成企业的临时员工参与到产品的设计和流程改造等环节中去，在专业辅助人员的帮助下获得自己想要的产品。而用户的参与作为购买价格的一部分支出，或者生产辅助组织支付给这些临时员工（用户）一定的报酬，但无论怎么处理中间的这个报酬，最终的结果都是用户以相对更低的价格和一定的时间与精力去获得自己满意的产品和服务。

第五章

数字赋能企业制造创新

21世纪10年代到21世纪20年代之间，世界各国先后提出了自己关于制造业发展的国家战略，与此同时，物联网、大数据、云计算等先进数字技术与制造业的深度融合发展备受关注。作为一个交叉的领域，数字赋能企业制造创新的研究最初十分有限，企业实践对相关指导性理论的需求十分强烈。

当前，新技术、新材料、新生产策略和不定时发生的生产需求等都被认为是不确定因素，并能对生产组织体系的可持续性造成直接挑战（Vázquez-Bustelo 等，2007）。这些因素提高了消费者对即时且物美价廉的个性化产品的要求，也促使生产制造商开始探求更加适切的生产方式（Pavan 等，2017），生产定制化的、价格公平的优质产品或提供近乎一流的、即时的服务（Eric，1994），并且需要在约定的时间内完成交付（Jolta and Lucas，2017）。这要求供给侧资源整合能够对实时的需求进行快速响应，也就是要求供给侧资源实现高效协同（Gunasekaran，2002）。

精益生产体系被指在风险管理上存在严重不足，因为缺乏有效的管理手段和预测手段，精益生产体系要求对原材料、设备等方面实行"在必要的时点买入必要的数量"，这种生产体系消除了安全库存，进而增加了企业停工停产的风险。为了回应精益生产的不足，敏捷制造作为一种先进的制造理念首先被艾科卡研究所提出来。敏捷制造是一种从大规模生产到基于互联网技术的快速发展而使工厂能快速响应的、灵活的新制造模式（Lee 和 Lau，1999），是企业在应对由消费者决定的产品和服务所驱动的市场变化时，快速而有效地响应这种变化的能力要求（Yusuf，1999）。

在敏捷制造系统中，数字赋能一方面可以使数据管理更加精确、不易丢失且成本低廉，这直接破解了传统数据管理存在的滞后性、低价值等难题；另一方面，数字赋能还使得供需关系可以实时交互，高效地实现了供需的匹配，实现了完整价值传输链条的闭环。数字赋能的企业计划制造模式极大地减少了生产材料浪费、库存挤压的成本、营销成本等，推动企业实现了计划经济从"不经济"到"经济"的转变，只是过去计划经济的"计划"来自政府，数字赋能计划经济的"计划"来自市场、来自消费者。

本章首先深入探究数字赋能企业制造模式升级的作用机制，其次对其带来的影响进行深入分析，最终总结数字赋能制造升级的关键点有哪些，并依此对企业数字赋能制造转型升级提供指导建议。

第一节　从链式制造转向分布式制造

在标准化和模块化制造到来之前，不仅是在制造企业内部单个制造环节上，连同产品在不同制造企业的多个生产环节上，都存在明显的前后依赖性的链式生产制造逻辑。等待是链式生产制造的基本特征：后一环节的生产加工工作需要等待前一环节的工作完成并交付，后一环节才有生产的基础资料，这是配套性产业联盟形成的重要推动力之一（产业联盟形成还有其他的影响因素，比如专利知识的共享等），通过将具有前后制造关联的企业集中在同一区域，可以缩短中间交付物料和半成品的时间。

在数字时代，基于标准化、模块化的全球制造模式发展，以及基于互联网连接的虚拟管理等，产品的分布式协同制造渐成主流，最典型的例子是大飞机的全球制造（见图5-1），飞机各个模块的制造商可以根据标准化的设计结果（这也是一种数据形式）进行模块的独立制造，极大程度地减少了中间环节的等待时间，并部分地将等待时间转移到了最终的整装环节。

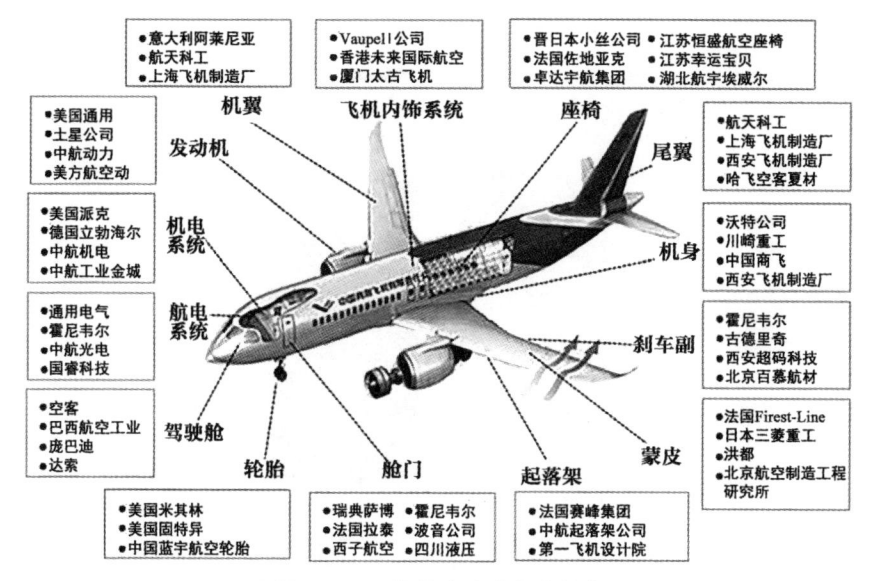

图 5-1 飞机的全球分布式制造

注：图片来源于网络。

随着产品的不断迭代和技术进步，产品越来越复杂，单一的企业很难对所有的技术都有很好的掌握，模块化技术帮助整个产品生产体系的企业可以专注某个具体技术的深化，最终借助模块化协同制造网络，为消费者提供最终的产品。典型的例子是智能手机的制造（见图5-2）。智能手机包含了通信技术、显示技术、半导体芯片技术、人机交互技术、应用软件等诸多方面的技术，一部现代智能手机包含的相关专利技术大概在10万项。智能手机的制造可以分为多级模块，原初一级的模块制造企业首先从多个专门的元器件提供商那里采购，进一步结合自身的技术和资源形成模块的一级封装，一级封装的模块又被二级封装商结合其他模块进行二级封装（一级封装和二级封装可能是同一个企业，比如富士康这样的专业化智能手机组装企业，但不同级别的封装依赖不同的封装技术、工艺和团队），经过多次封装之后，形成最终的产品交付给消费者。

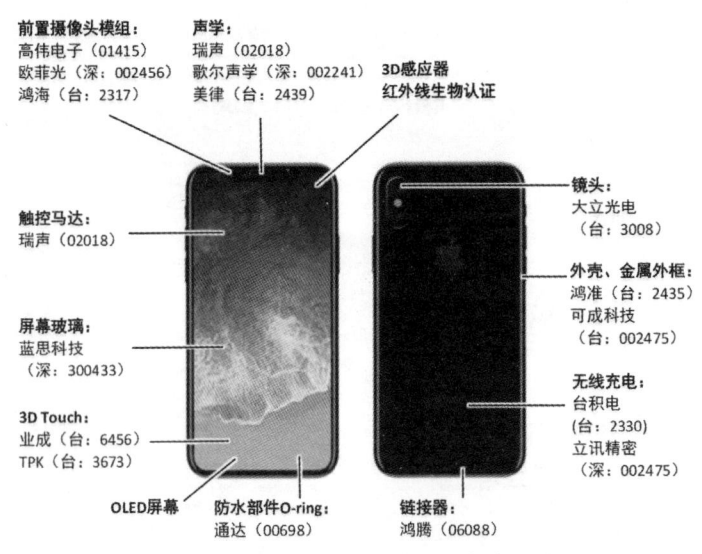

图 5-2 智能手机的模块化分布式制造

注：图片来源于网络。

复杂产品基于标准化模块的分布式制造一般由品牌商进行主导，故而通常情况下，品牌商会开发出配套制造协同系统对产品的全流程制造过程进行管理。由此，基于可交付产品的竞争的本质在于品牌竞争，而基于中间产品的竞争的本质则可能在于专利知识的竞争。

第二节　数据驱动企业制造模式转变

我们接着采用前面数字赋能产品研发设计中采用的酷特智能的案例，去分析传统的制造企业如何实现数据驱动的生产制造转型。

在酷特智能的生产模式中，从客户量体下单开始，系统自动完成板型匹配并传输给生产部门，生产部门核对细节并录入电子标签，操作工人通过电子标签扫描并根据显示的指令进行操作，最短只需7天就能完成服装的生产制造。

在消费者的需求数据（款式组合、材料、尺寸等）收集完毕后，酷特智能直接驱动物料流到生产线起始点。消费者通过在客户端App录入个性化的组合样式和其他信息生成订单，订单数据进入自主研发的板型数据库、工艺数据库、款式数据库、原料数据库进行数据建模。同时，酷特智能为原料商提供了租赁仓库，并根据历史消耗设定了各种材料的仓储上限和安全线。原料商可以实时收到由客户需求引发的原料存量波动，可以在线看到临时仓库中原料存量，通过酷特智能共享的原料过往消耗记录数据进行预测，原料商可以决定何时供应多少原料，但要保证不影响酷特智能工厂的正常生产，否则就要承担一定的违约金。

根据客户身体数据转化的对应板型样式和裁剪尺寸大小，CAD自动化裁剪设备得到裁剪总体样式。后续操作员工将前期采集并转化的客户数据直接刻录进已经清空上一次数据的卡片，然后将卡片附在衣物主体上进入生产线。标准的生产流程线规定了衣物制作的流程，悬挂式的自动流转设备带着衣物主体向前运转。经过每个环节时，操作员工在识别设备上刷卡便得到了具体的操作指令（例如，纽扣缝针数据）。后期成品衣物进入循环的自动分拣设备，成套生产的产品会被分拣到一起然后出库，单件的产品直接出库。在数据驱动的生产流水线上，酷特智能可以清楚地看到服装在各个环节的时间消耗，通过分析大量的操作记录数据来设置合理的环节操作时间标准，尽可能地减少员工的劳动时间荒废，减少劳动报酬支出。

可以看出，酷特智能的生产流程高度自动化，信息流动顺畅，几乎没有操作等待。再者，原料仓库是租赁给原料商的，而且设置有上限和安全线，帮助原料商提升了动态响应能力。故而，实现数据驱动的智能制造体系大体应该有四大着力点：以智能工厂为载体，以关键制造环节的智能化为核心，以端到端数据流为基础，以网通互联为支撑，最终实现了数据驱动的人机料法环协同制造体系（见图 5-3）。

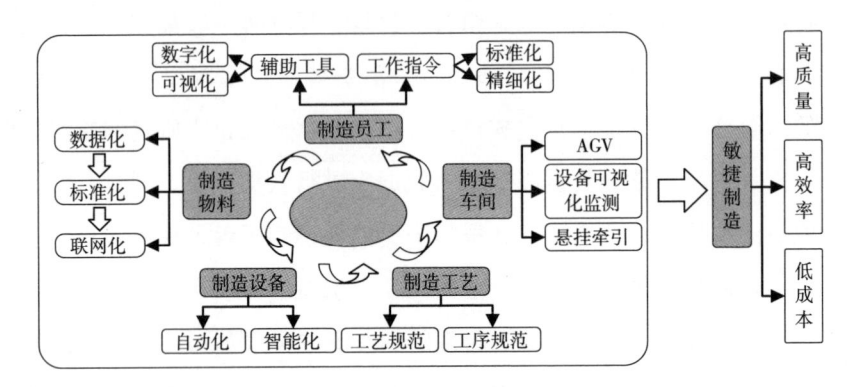

图 5-3　数字赋能的敏捷制造体系

第三节　数字赋能对传统制造的颠覆

丰田的大野耐一（2006）指出，制造业生产经营过程中的浪费主要来自过量生产、时间等待、运输、库存、不必要的生产工序、低效率的工作动作、产品缺陷等方面。其中库存带来了大量的资金积压，掩盖了生产过程中的效率低下、浪费问题，库存是万恶之源。实现零库存可以为企业带来巨大的成本节约，零库存需要生产信息的实时传输和对需求的及时响应，但前提是要有消费需求，持续接入的消费需求来源于良好的产品质量、优质的服务以及良好的品牌感召力。当数字技术运用到企业产品研发设计、制造和营销环节之后，企业的仓储要求门槛就会降低，不同于产品驱动型营销，需求拉动型营销会以定制和预订的形式进行，必要的物料只在必要的时候买进必要的数量，半成品和成品在制成的第一时间就可以向购买者流转。所以相较于对仓储空间的需求，其更要求具备敏捷的物流体系，同时也会降低企业应收账款的压力。

酷特智能创新了数据的运用场景、工具和手段，实现了完全由消费者需求驱动供给侧的资源整合，提高了对消费者需求的即时获取和导入水平，提高了生产过程的协同与敏捷程度和用户的体验。酷特智能的敏捷制造模式取得了相当突出的成效，部分成效如表5-1所示。

表5-1 酷特智能敏捷制造模式的成效

检测维度		敏捷制造模式成效
成本	存货周转	定制产品，没有库存周转
	资金周转率	定制先付款或交货付款，没有待收款项
	获客成本	品牌效应，口碑产品，宣传成本低
	员工成本	总体裁员30%~90%，年节省工资1000万元
	返修率	降低80%
	原材料库存	零库存
	单件成本	降低90%
	中间商数量	零中间商，渠道维护费用为零
	单位设计成本	外包和加盟国际顶级设计师，不雇佣策略，设计成本降低95%
质量	客户体验	高质量，大品牌，高效率
	款式	1000个大类，10000个小类，款式组合100万万亿，基本满足消费者的个性化需求
	需求满足率	提高到99.99%
	客户投诉率	减少90%
响应速度	资源整合	有消费者的需求才整合，资源效率高
	决策方式	非人为决策，数据驱动，降低失误率
	单位生产周期	传统最低的2个月降低到最低7天
	效率提升	总体提高30%

酷特智能通过对数字赋能，实现数据驱动研发、数据驱动生产、数据驱动营销，最终实现了高质量、快响应、低成本的敏捷制造。其通过数据驱动的系统实现了客户需求决定固定生产（最佳出货量），生产决定固定采购（最佳采购），颠覆了传统生产的微笑曲线，得到了酷特智能敏捷制

造的"武臧曲线",如图 5-4 所示。

首先,传统研发阶段的附加值较高,中间生产阶段的附加值较低,后端的渠道销售阶段的附加值较高。酷特智能在研发阶段,一方面选择国际知名设计师加盟,不长期雇用设计师,相对成本较低;另一方面通过众包方式,积极获取并吸纳社会智慧。二者并举,提高了服饰设计质量,同时减少了研发设计的成本。其次,传统的生产阶段,由于技术、知识含量不高,劳动复杂度低,故而利润较低。再者,由于劳动力成本的上升,倒逼企业对生产车间进行自动化升级,使得产品生产加工阶段的附加值越发微薄。酷特智能通过数据驱动整个供给侧的资源进行整合,使生产商和原料商之间的边界模糊,提高产品生产效率,产品的高效流通和低库存实现了中间环节的附加值拉升。最后,传统服饰生产商销售阶段的多级代理式渠道销售附加值提高。酷特智能采用电子商务的方式,直接对话消费者,实现产品直销,降低了这个环节的附加值。

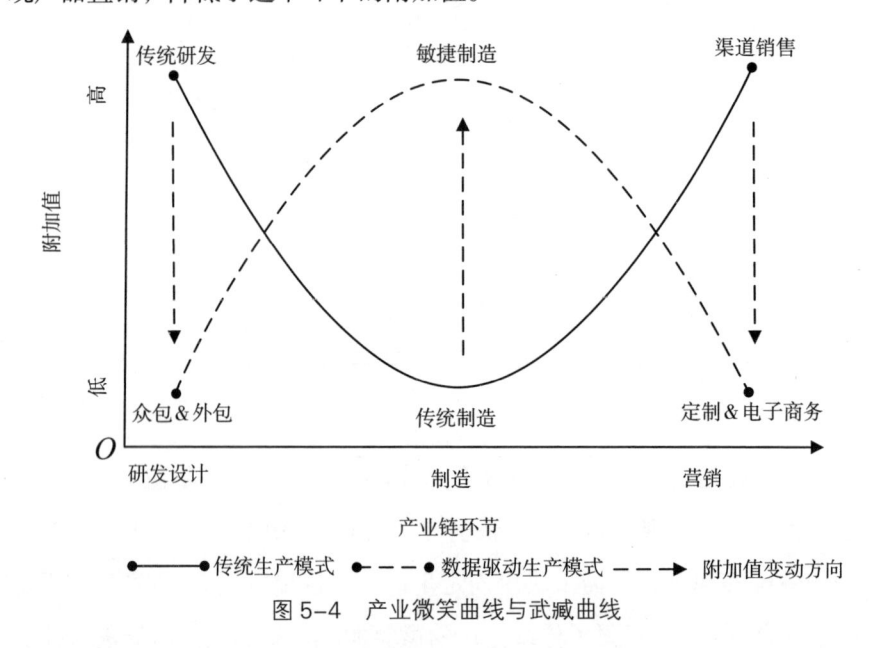

图 5-4 产业微笑曲线与武臧曲线

酷特智能数据驱动的生产模式从需求端出发，通过打通数据流通的需求–供应信息网络，驱动供给侧的资源整合，实现了高质量、高响应速度、低成本的供给，进而将产品生产两端的附加值向中间加工部分转移。

第四节　数字赋能制造升级三大关键

1. 需求的数据化和标准化

消费者需求的数据化和需求数据的标准化，能够加快需求数据进入生产流程，驱动供给侧资源整合。传统产品设计大多是供给决定需求，主观性较高，生产的服装有效销售达到三成已算是成功的产品，即便如此，依旧存在七成产品的浪费，这部分浪费的成本要平摊到有效销售的产品中，导致消费者承受了过高的产品溢出价值。此外，没能有效销售的产品还会带来库存，造成大量的无效供给。库存水平不仅影响单个企业的总成本，还制约了整个供应链的绩效（Zhang，2014）。库存本身会造成大量的资金占用，另外还需要花费一大笔资金对其进行处理，库存成了企业的资金黑洞。酷特智能的定制模式，通过打造集自主设计、量体数据收集、下单于一体的客户端 App 和即时的上门量体服务，提升了酷特对需求的数据化和需求数据的标准化能力，加快了需求信息流进生产环节，提高了供给侧资源的整合速度。酷特的生产模式完全以消费者需求数据来驱动生产，实现生产响应需求，缩短了产品的生产周期，规避了大量的库存，降低了产品的生产成本。

2. 资源的数据化和联网化

数据化可以实现资料的自动化处理，帮助管理部门实现高效、协调、可持续、准确的精细化管理（Ma，2015）。供给侧资源要快速响应需求，需要对这些资源进行数据化处理，使其能够接入整个供需信息网络。传统的产品生产，因为信息流通不顺畅，企业原料库存过高（雷伟峰，2009）。这在一定程度上给企业带来原料的库存成本，降低了产品生产商的竞争力。酷特智能一方面通过需求数据化和信息互通互联，将消费者的需求转换成原料需求和操作指令；另一方面通过原料资源的数据化和联网化直接驱动原料商的即时响应。此外，酷特智能在原料上采用仓库外租的策略，减少了自己的原料库存问题，同时为原料商设置安全库存和库存上限，还提供原料的历史消耗信息帮助原料商实现精准预测，实时供货。在保证正常生产的前提下，尽可能地降低原料的库存。

3. 设备的联网化和数字化人才

智能生产系统的物联网平台能集成虚拟和物理世界，以确保其灵活性和资源效率（Waibel，2017）。供给侧设备需要进行联网处理，使其能够识别生产信息网络传输的需求数据，从而响应标准化后的需求数据所传达的操作指令。酷特智能通过对生产流程设备的联网改造升级，实现由需求数据驱动生产设备运转。订单进入生产流程后工作人员根据用户选择的板型以及尺寸进行排版，排版结果输出之后，需求数据直接驱动原料库上料（包括什么布匹、多少量等），裁剪设备通过网络传输过来的排版结果指令裁剪，裁剪出的服装主体附上刻录有标准化需求数据的卡片，实现需求数据驱动制造。

智能制造工厂并不能够达成完全的无人化，至少在智能设备出现无法自我修复的故障时（一如墨菲定律所预测的，这种情况一定会发生），需要修复人员的介入，这就要求介入人员具备一定的数字化知识和技能，熟稔地掌握这些智能化设备的运行规律。此外，人与机器并不使用同一套运行逻辑，故而需要为员工配备一些必要的数字化设备供其与机器交互。

综上分析，为企业实践者进行企业数字赋能能实现由数据驱动生产，进而实现敏捷制造转型升级的指导步骤，见表5-2所示。

表5-2 制造业企业实现敏捷制造的实践指导

步骤1	消费者虚拟需求数据化，使其接入生产信息系统。
步骤2	消费者需求数据标准化，使其可以对接供给侧资源。
步骤3	1. 打通与原料提供商的信息障碍，实现供给侧资源的数据化，使其能接入生产信息系统对接需求信息，进而进行响应； 2. 供给侧生产设备联网化，使其能够识别需求信息的指令从而进行对应的操作； 3. 为供给侧生产员工配备可视化的生产指示设备，实现实时、标准化操作。
步骤4	打通与合作快递商的信息渠道，产品产成即发货，提高发货速度，降低成品库存。

第六章

数字赋能企业营销创新

数字时代，企业营销面临一些新的挑战。其一是目标用户群体越来越细分。用户自身的个性伸张导致企业营销越来越难以聚焦粗略区分的用户群体，同时竞品竞争越来越激烈也促使企业营销不得不进行进一步的市场细分以找到超级细分市场，马克·佩恩在其著作《小趋势》中就对此进行了详细阐释。其二是营销方式多元化。过去的企业营销以图片和文字为主，当下的企业营销愈发趋向视频化，包括短视频、直播等，并且营销渠道也花样百出，即便是同一种方式都可以选择多个途径达成，比如直播可以选择淘宝、抖音、快手、bilibili 等。其三是营销去中心化，以前的营销主要以企业为中心，对多个用户进行广播式信息传达，现在企业可以借助相关技术开展多层次、多维度的全方位立体营销，多渠道触达消费者，并且越来越多的消费者可以参与到营销互动中。其四是流量成为企业营销的重要目标，过去的营销旨在提高成交率，而数字时代的企业营销更关心流量，业内有一个十分经典的说法是"互联网时代的企业挣的是未来钱"，即提高流量、沉淀用户成为互联网企业竞争的主要焦点，能不能变现、怎么变现则是后话。

在企业营销实践中，其遭遇的新挑战远不止于此，那么，企业又该如何应对这些挑战呢？用数字技术的手段去解决由数字技术导致的问题。数字技术嵌入改变了营销的面貌，数字赋能企业营销创新也就理所当然地成为企业在数字时代营销制胜的出路。

本章首先探讨数字时代企业营销理念和价值主张需要做出的转变，并进一步就企业市场细分和市场机会分析进行讨论，然后阐释数字赋能企业市场营销计划，最后依托实践阐明数字时代营销和公关一体化的转变。

第一节　转变营销理念与价值主张

1. 企业营销理念转变

数字时代，企业市场营销理念需要在诸多方面进行转变。

其一，营销功能从沟通与产品交付转变为全流程价值创造。数字时代的营销不是简单地基于销售团队和广告对产成品进行交付（产品交付和服务交付），不是单纯的4P过程（即产品products、价格pricing、渠道placing和促销promotion），而是要将过去和现在的市场状况以及未来的预测等知识收集、过滤和整理形成市场需求，并将需求深度嵌入企业的产品决策中，帮助企业决定是否生产、生产何种产品、生产多少，从而影响产品的研发设计、工艺及流程优化、生产制造、质检、包装、销售、售后等全产品生命周期管理，使得企业可以最大限度地创造产品的价值。在此过程中，首席营销官（Chief Marketing Officer, CMO）的职责不仅仅是制定营销战略，还要确保公司业务增长、绩效增长。

其二，企业营销导向实现从产品到客户再到品牌的二次进阶。首先，从产品导向到客户导向的进阶。过去，我们认为企业重要的任务是生产质量过硬的产品，然后再很好地宣传自己的产品，但诸多实例证明这种思维已经过时。比如，诺基亚生产了"从高架抛下外加在重卡碾压后仍旧好用"的手机，但却不能在新一轮技术更迭后保持市场认可，而具有极简界面设计和流畅体验的苹果手机成为手机市场的新兴霸主。质量不是不重要，只是相比于质量，互联网时代消费者的个性化追求、情感寄托等更需要在其消费过程中得到释放。这表明,能够选择性失忆的企业总能更好地抓住机遇,不断创新,增加获得市场青睐的可能。总之,大多数的产品都需要更加关注客户的需求,因为是客户在买单,关注运营实现降本增效没有错,但关注客户并为其创造更多的剩余价值更能帮助企业生存和发展。

其次,从客户导向到品牌导向的进阶。能够满足消费者需求的替代性产品很多,消费者的选择很多,企业如何才能让自身从众多产品中脱颖而出,成为消费者的首选卖家?关键在于品牌,品牌通常就是企业的一个价值主张,不同于竞争对手的定位,不同于竞争对手的产品特点,其融汇了企业别具一格的价值观、情感,品牌营销通过让消费者对品牌的故事和情感产生共鸣而获得其选择,这是数字时代营销成功的关键。

其三,营销工作从管理营销投资到激发卓越营销。市场营销是驱动企业增长的商业准则,其功能和目的是促进企业增长。数字时代的企业营销要将营销工作中心从管理营销投资转变为激发卓越的营销,相较于对既定的产品、服务、品牌、价格、激励、沟通、交付等工作进行持续改善,营销更需要普遍的创新。过去的营销总是被批评效率过低,尤其是无差别的大众营销。数字技术的发展让企业有能力开展更多的精准营销创新,例如企业可以甄别目标消费者群体并有针对性地设计营销方案(比如进行特定的营销场景创新),还可以进行营销手段、方法和工具的创新,而并不依赖于现有的市场营销渠道和模式。总之,营销的任何环节、任何节点都可以进行创新,尽管创新并不保证营销能够成功,但一定会推动企业成长。

最后要指出,并不是全部的产品营销都需要讨好客户,比如引领未来人类科技创新的核心技术,其投入和产出或许并不符合客户的期望,但是企业仍需要大力投入,不是因为客户需要,而仅仅因为这是未来!

2. 企业价值主张转变

企业的价值主张是营销至关重要的内容，价值主张确认了企业产品和服务对消费者的实用意义。企业需要面向目标市场的目标人群，打造自身的核心价值主张并将这种价值认同传递给消费者，进而让消费者产生情感的共鸣，最终转换为实际消费行动，并形成对企业的品牌忠诚。在消费资料尤为丰富甚至过剩的今天，消费者并不单纯地消费产品或服务，而是在寻找情感的归属与寄托，选择具有特定价值主张的企业品牌代表了其对生活的一种态度。

可口可乐希望表达一种积极的情绪，因此其价值主张选择了"快乐"；江小白为了迎合年轻人酸溜溜的文艺，主张似乎看破繁芜的价值——生活很简单；耐克希望激励它的消费者积极进取、充满激情，于是其主张"Just do it"……当消费者在多个可选的同类产品和服务中选择了这些品牌，往往意味着他们认同这样的价值、这样的文化。

那么在数字时代，企业的价值主张应该具备怎样的特性——符合社会普罗大众的价值观、道德的期望，并对社会、经济、文明进步有益。

因为技术的发展，单一个体的力量得到了加强和放大，人性内心深处对自由、平等、民主和公正的渴望促使个体不再选择压抑，而选择开始为之努力和奋斗。因此，在企业竞争中，谁能最先、最佳地回应股东、消费者、员工和其他利益相关者的这些诉求，并平衡好这些相关者之间的利益争议，就意味着其将最先并最大限度地获得市场的正向反馈（本书后面的内容将为企业实现这种平衡提供一套初次分配调整方案）。

数字技术带来的透明化致使企业经营面临比以往更加严峻的信任挑战，因此，即便企业掌握了一时的定价权，其应该也只能选择合理的利润空间。此外，企业的价值主张也需要更加符合人们（不仅仅是消费者，更是包含了员工以及其他利益相关者）的期望，并且要主动承担推动社会进步的责任。

第二节　数字赋能企业市场营销分析

1. 数字赋能市场细分分析

进行市场细分和分析是营销的重要环节，这是很多创业成功的创业者都是销售人员出身的原因。他们长期处于一个行业，对市场需求具有深刻的理解力和敏锐的洞察力，当市场的需求并不能够从其东家处获得很好的满足时，这种矛盾就会内化为创业者离职创业的巨大动力。在数字赋能的今天，不仅仅是市场营销人员具备洞察行业并进行市场细分的能力，任何有创业意向的创业者都可以借助专业行业数据采集机构以及强大的数据分析技术很好地了解一个特定的市场状况，并有效地进行市场细分和市场机会分析，最终找到极具潜力的利基市场和新兴市场。

利用销售数据进行精准营销创新的经典案例之一是沃尔玛超市关于啤酒和纸尿裤的故事。沃尔玛超市通过对其一年多销售交易流水单进行分析发现，其美国超市的纸尿裤和啤酒消费经常出现在同一条记录中，深入分析后发现这并非偶然，而是美国家庭的妇女经常嘱咐其丈夫下班后给孩子带纸尿裤，而丈夫在购买纸尿裤的同时一般会顺手买回自己爱喝的啤酒。于是，沃尔玛超市对纸尿裤和啤酒的货柜进行了位置调整，将两者放在临近的地方，最终大大提高了啤酒的销量。

成立于 2012 年的江小白酒业是近年来利用互联网技术进行市场细分并营销成功的经典案例之一。江小白酒业创始人陶石泉发现白酒产品大多定位于高端市场，年轻人也有喝白酒的需要，但太高端的酒并不符合年轻消费者的消费水平，而过于廉价的白酒又很难上得了台面。互联网原生的年轻朋友们总是热衷于表达自我，希望自己的开心或不开心都能被别人看到、听到。江小白深谙此道并将其定位为"不回避、不惧怕、任意释放情绪"，在突破传统酒类包装的蓝白色调瓶体上印满了各式各样的江小白语录。精准的市场定位、鲜明个性的独特形象、社会化的线下和线上营销组合、自我IP塑造、IP植入等互联网新营销策略帮助江小白快速获得了年轻消费者市场的青睐。今天我们已不能从各种新闻中感受到2016年前后江小白狂轰滥炸式的营销，但却可以在绝大多数餐厅的壁台上看到它桀骜的身影。

2. 数字赋能用户画像分析

用户画像分析是数字赋能企业营销分析较为深刻的重要一面。用户画像是指基于大量的用户相关数据进行统计分析和数学建模，进而抽象出具有商业价值用户的属性标签，最终帮助企业更好地理解、洞察用户，让企业清晰地知道用户是谁、从何处来、到何处去。

数字赋能用户画像分析最普遍的应用是基于数字技术对用户的行为进行标签化处理，从而实现用户群体的细分，比如年龄、支付能力、主要消费区域等，基于用户行为标签产生的分群结果可以帮助企业进行精准营销、实施价格歧视以攫取消费者剩余价值等。

此外，企业的用户画像分析还可以借助数字技术对现有用户贴上精准的标签。企业一方面可以借此对现有用户有清晰的认识，方便其进行产品定位；另一方面，基于数字技术的用户标签还可以帮助企业更轻松地获取相似用户，同时进行产品推荐。比如淘宝、京东等购物网站可以根据用户特定的标签（如性别、年龄、职业、购物习惯等）进行产品推荐，还可以基于相邻用户（具有多个相同标签的用户）进行产品推荐，一来提高产品销售，二来提高用户满意度。

用户画像的作用不止于此，其还可以被广泛地运用到其他诸多方面，比如设计符合核心用户群体需求的产品、为领导者的决策提供支持、针对不同特点的用户进行精细化营销、营销广告和内容的精准投放、风险识别和防控等。所以，数据及数字技术的赋能影响也就能帮助企业在这些方面实现更加高效、精准的分析。

3. 数字赋能消费者旅程分析

消费者旅程（consumer journey）分析同样是深受数据及数字技术影响的企业营销分析内容，消费者旅程是指从消费者接触信息开始，到达成购买的全过程，包含知晓、搜索、查询、比较、购买五个阶段。

数字赋能消费者旅程分析可以帮助企业精确、高效地绘制消费者旅程地图，推动企业营销迈向全面营销、全时营销。数据及数字技术嵌入使得企业可以在关键的环节和节点有效地部署相关服务提高消费者的获得感，提高成交率，最好是将顾客转变成终生顾客，提高品牌以及企业的生存能力。同时，也可以帮助企业在关键环节和节点有针对性地部署具有胜任力的销售人员，并减少顾客流失。

第三节　数字赋能企业市场营销计划

不同的市场定位给了企业不同的目标市场选择，一个定位可以产生很多个目标市场，而不同的目标市场适切的企业最佳市场战略并不相同。在既定的目标市场选择下，企业在明确其价值主张后，还需要建立市场营销计划。

营销计划包含了营销计划制定和营销计划管理两部分。计划是根据企业市场战略制定的，其表征了企业未来（通常是一年）需要达成的目标及其落地方案，目的在于使企业目标、资源、能力以及环境挑战与机遇之间形成最优匹配，让营销能够更有效地服务于企业的整体战略规划。营销计划制定并非只是制定一个营销数字，而是一整套的计划安排，包括计划的目标、具体方案、实施步骤、保障措施、费用分配等。企业年度营销目标和费用预算要拆解成企业层面的季度、月度甚至更加详细的目标和费用，同时还要对应到财务、生产、人事、供应等各个部门，形成部门层面的季度、月度目标和预算。

营销计划管理是针对制定好的营销计划落地过程进行有效的管理，营销计划的实施过程会涉及具体的产品策略、价格策略、渠道策略和促销策略等。营销计划中所明确的精细化目标和费用预算是企业高层进行营销计划管理的重要依据，根据这些目标和预算，高层管理对各部门各阶段的营销进展和营销效益进行监督和检查，及时调整并督促未完成计划任务的部门改进工作，确保计划达成。

数字赋能营销计划的价值一方面体现在其可以帮助企业在各个层面、各个部门制定更加精细的营销指标和预算，并推动企业更好地监督各个层面、各个环节的营销活动，实现营销计划的精细化管理。最终，各个阶段的营销指标落实情况得以快速反馈到决策层面，帮助营销领导实时调整未能达成的营销目标的改进方案，切实保障年终营销计划的达成。另一方面，数字赋能营销计划管理更有价值的点在于其能够为企业各层级、各部门之间的高效沟通提供平台和渠道。在传统营销计划的管理过程中，各个层级和部门之间由于缺乏实时、高效的信息沟通渠道，致使企业营销计划管理的协同效率极低，数字赋能有望在这方面对其进行有效提升，实现高效低成本的营销计划管理。

第四节　数字赋能营销与公关一体化

前文已经指出，在数字时代，企业环境责任、企业社会责任以及企业治理逐步发展成其竞争优势的重要来源。因为企业进行市场营销也就意味着企业将自身的优势展示给公众，但事实上，企业并不能保证每一次市场营销所展示的内容都能得到受众的喜爱，而更糟糕的是其无意识的展示行为可能会引起公众的曲解甚至不满，从而给企业带来长久且深重的伤害。当然，有些公关事件会借助互联网实现病毒式传播，变成公众一时间的热点话题，也就意味着企业获得了一些免费的曝光机会，这些即时的暴涨的流量，也能为企业带来营销价值。

鸿星尔克河南水灾捐款事件就是一个比较典型的公关营销一体化的例子。在网友"娘嘞，感觉你都要倒闭了还捐了这么多"的心酸热评助推下，鸿星尔克宣布捐款一举冲上热搜。这是一次成功的公关活动，然而借助网络直播等数字技术，鸿星尔克及时且有效地承接了舆论带来的巨大流量，使得该事件成为一次成功的营销活动。

当当网创始人李国庆与俞渝的"分家之争"同样是一起公关和营销一体化的典型事例。2019年10月23日，在两位主人公内容劲爆的互撕登上各大网站头条后，当当官方微博第一时间发文"本店无狗血，只有书香。走过路过，不要错过'店庆开门红'"。次年4月26日，李国庆带领人"抢夺"公章后，双方的舆论战再次展开，当当网同样没有错过这次免费流量，并上线了专题"从摔杯到抢章",在专题下陈列了婚姻、法律、两性、心理和运营等相关主题的大量书籍。当当网蹭其公关热度的行为,一时间被网友们调侃"公关无能,营销尚可"。

总之,在曝光度等于流量的数字时代,一个公关事件就是一个营销事件;同样,一个营销事件同时也是一个公关事件。企业营销与公关已经成为紧密联系在一起的整体,企业需要具备这种意识,以防止顾此失彼的严重缺漏。

最后,在数字赋能企业营销发展的未来,消费者或许可以深度地参与到消费品研发设计和生产制造的所有环节,他们可以清晰地知道自己的需求,指导供应体系应该生产什么样的产品,人们为自己的需求而工作,即消费者就是员工,员工就是消费者。最终因为AI技术、柔性制造的发展,企业或许将不再需要销售人员,也不再需要大费周章地进行广告宣传,但是营销会一直存在下去,并且企业营销的工作重点将会越来越顾客导向化,企业口碑管理、品牌营销将变得越来越重要。

第七章

数字赋能生产的组织基础

信息技术在中国社会的数字化实践中得到了迅猛发展，数字化信息技术受到了实践者和研究者广泛的关注（Mayer等，2017），诸多制造企业都在积极寻求生产经营与数字化信息技术的融合，数字化转型升级已经成为数字化时代制造企业谋求生存和发展的重要出路，其包括对生产流程的再造和组织的重构（钱勇和曹志来，2011）。值得指出的是，数据的存在本身是没有多大价值的（Barkema等，2017），开辟有利于数据流通、转换的渠道让数据在恰当的时间自发地流转到恰当的地点才能够释放数据自身隐藏的价值（Huang等，2014；Overby等，2006）。而数据流通和转换依赖于一定的组织基础，因此，探讨制造企业实现数据驱动生产系统的组织基础具有重要意义。

目前，无论是企业实践还是理论研究，都对制造企业数据驱动生产的组织基础缺乏深入的讨论（孙新波和苏钟海，2018）。就企业实践而言，企业对组织结构、组织管理模式转变的探讨尚且不能很好地回应：内部纵向的层级边界和横向部门的权限边界以及中间多处理节点对信息流动的阻滞问题；数据在流通过程中的信息黏性问题（Xue and Field，2010）；与外部合作伙伴间数据化和信息化水平参差不齐、数据接口互不开放等问题。这些问题最终导致企业生产运营的信息传输延迟与信息失真，企业资源不能及时、有效地整合进而影响企业对顾客需求的响应。就理论研究而言，数据驱动生产系统的研究涵盖了产品设计、制造和销售的全流程，探讨的内容包括数据驱动生产参与主体的协同机制（肖静华等，2018）、数据驱动模型的构建（陈以增和王斌达，2015；曾德麟等，2017）、数据的获取与处理及运用（Gerard等，2014）、供应链管理能力的提升机理（Sanders，2014；Jain等，2017；Yu等，2017；Chavez等，2017）等，在这些研究中，组织在数据驱动生产系统中的作用没有得到学者的足够关注，致使已有研究缺乏对数据驱动生产系统的组织基础的讨论。

有鉴于此，本章尝试从组织赋能的视角来探讨制造企业组织的转变以展示数据驱动生产系统的过程机制。基于相关文献梳理构建基础分析框架，运用单案例研究方法深入剖析酷特智能实现以数据驱动生产的组织基础并构建理论模型，以期完善和拓展现有对数据驱动生产系统微观基础的研究，为未来进一步的数据驱动生产实证研究提供一定的研究启示。同时，期望能为企业实践提供数据驱动生产系统的组织变革指导建议。

第一节　组织赋能实现数据驱动产品设计

不同于传统服装产品的设计制造，酷特智能探索出了顾客参与的模块化产品设计模式。在设计之初，酷特智能省去了设计师对物料颜色、材质等要素的潮流预测，工作人员只需要借助完善的数据渠道对顾客反馈、网页大数据、时尚杂志资讯、时尚博主与粉丝的互动内容等进行收集，酷特智能的数据处理中心会自动对这些数据进行整理，包括聚类、词频统计等，最终形成潮流预测报告并提交设计中心。酷特智能摒弃了传统雇用大量设计师的做法，只保留两名出色的设计师负责产品设计的工作。

在模块设计中，首先，两名自有的设计师会根据顾客反馈意见对已有产品模块做必要的优化设计工作。其次，大量的设计工作被外包出去。最后，由酷特智能从反馈结果中遴选出较优秀的设计结果加入数据库中。此外，酷特智能还与世界知名设计大师合作以获得最时尚的服装设计元素。最后，自有设计师会根据潮流报告导向下的外包和加盟设计师提供的结果做部分补充设计工作。在最终设计实现的过程中，酷特智能的模块化设计模式支持顾客在线自由组合自己喜欢的模块，选择自己喜欢的布料，形成最终的产品设计结果。对于顾客尺寸的确定，酷特智能创新了"3-1 坐标测量"方法，顾客可以根据线上的量体视频进行自主量体，也可以选择使用酷特智能量体师提供的量体服务。酷特智能的量体师少量来自企业内部，包括门店和城市魔幻大巴，大部分则来自外部市场的自由量体师，标准的"3-1 坐标测量"方法能够快速帮助这些未经培训的量体师完成顾客身体 22 个关键数据的测量。最终，顾客参与设计形成的设计方案形成订单直接流入酷特智能的智能制造生产系统，驱动产品的制造加工及后续的系列工作。

酷特智能顾客参与的模块化设计模式推动了员工顾客化、顾客员工化：设计员工在进行产品设计时，始终站在顾客的角度考虑问题，以顾客同理心去服务数据驱动产品设计的过程；而顾客在参与产品设计的过程中，可以为产品设计和制造提供新的想法和改进建议等，推动酷特智能产品设计的持续优化。为了保障员工与顾客的实时、高效交互，酷特智能不仅大力开展员工的职业素养和专业技能培训，还授予一线员工必要的资金、物流、仓储、设备和人员调配权，这些资源的调动不再需要向上级提出申请并等待审批，而是依据实时的系统记录数据实行事后问责制。基于此，酷特智能取消了不必要的层级审批、部门沟通，真正把权力授予任务执行人，提高了组织的响应效率和应变能力。

第二节　组织赋能实现数据驱动产品制造

酷特智能为了实现流水线定制将标准制衣流程拆分成 300 多道生产工序，为每道工序都设计了标准化的加工工艺。服装主体先后经过流水线各环节，加工线的员工和机器设备根据服装主体上 RFID 卡片存储的操作指令拼接上子模块以及对服装主体的细节进行加工，最终获得成衣。

在整个制造过程中，酷特智能取消了传统的具备等级制特征的班组长制度和资源的部门管理制度，还打通了与原材料供应商间的数据壁垒，使生产制造涉及的所有资源（人、事、物、财）都处在同一网络中，网络中的任意两点都能直接连接，实现数据驱动的员工间、员工与设备间、设备间、内部系统和外部资源间的高度协同。就其组织基础而言，酷特智能为了保障人机的高度协同，对每道工序、每个岗位的员工在操作时间和质量上都有一定的要求。因此，员工时时都处于动态调整过程中，这促成了酷特智能组织的"弱关系"，即单个员工没有明确的隶属关系，在组织内部具有较高的流动性，员工基于顾客订单的数据驱动参与生产制造。在自管理的弱关系情境下，当员工遇到制造的突发事故时必须站出来形成"虚拟委员会"，这种机制被酷特智能称为"强组织"，虚拟委员会可以由问题发现者担任组长，也可由其他更具有能力的成员担任组长，并且企业的所有资源都必须服从其调配，着力解决突发事故。

基于数据驱动制造的需要，酷特智能取消了等级制特征的班组长制度，创立了灵活的家庭式细胞核组织管理模式。每个可以被划分出来的独立制造环节由一个家庭式细胞单元负责，家庭式细胞单元中通常会有一到两个"多面手"（酷特智能将其称为"细胞核"），其能够胜任整个环节的所有操作，这保障了个别节点成员的缺勤不会造成生产停滞。在家庭式细胞单元中，没有管理者的存在，所有成员都按照自己的意愿围绕细胞单元中的细胞核存在，自我设定目标、自我激励、自我管理，同时细胞单元成员间就像家庭成员一样各司其职、相互协同，保障工作的高效开展。

第七章　数字赋能生产的组织基础

第三节　组织赋能实现数据驱动产品销售

酷特智能的大规模流水线定制的生产模式颠覆了传统的产品销售模式，在定制模式下，酷特智能不再销售服装成品，而是销售概念产品进而获得订单。酷特智能对原有成品销售门店的功能进行了调整，线下门店提供样衣展示与量体、顾客设计支持、布料体验和选择等服务。

除此之外，城市魔幻大巴及其配备的量体师、开放市场中的量体师、线上电子商务系统和移动终端等构成了酷特智能的销售网络。对于销售人员的薪酬，酷特智能设定了"自定指标、超额分配"原则，即销售团队及个体自己设定月度、季度、年度销售任务，公司根据团队能力进行调整，对最终超额完成任务的团队和个体实行超额利润的分配，对没有完成任务的团体和个人则提供一次容错机制，仍旧无法完成下周期任务的细胞单元才会遭到解散。

这些规则极大激发了销售人员的积极性，销售人员不需要打卡上班，以最终结果对员工进行评价和奖惩，这为销售员工提供了巨大的工作时间和空间自由。此外，销售人员同样按照自愿的原则形成销售的家庭式细胞单元，开展销售业务。值得指出的是，传统的产品销售需要将产品交付顾客并获得支付款才算结束，但在数据驱动生产的系统中，销售人员协助顾客完成下单并支付完成便算是销售任务完成，传统销售涉及的运输和交付工作会由数据驱动快递合作商完成。

第四节　数据驱动生产三大组织赋能关键

本书通过反复探讨相关的文献和编码结果，构建了酷特智能如图7-1所示的组织赋能实现数据驱动生产系统的过程模型。

酷特智能在十余年的转型探索中，逐渐摸索出了适切数据驱动生产的组织模式。首先，其构建的扁平化二维网格组织从组织结构上打破了传统组织的部门边界、层级边界、内外部间边界，提高了组织信息的高效流通。其次，酷特智能在整个生产系统中推行顾客需求导向思维，对企业生产资源（原料和半成品、成品、服务等）都进行数据化、标准化和联网化处理，对生产设备进行智能化升级，为生产员工配备数字化的设备，生产系统全要素相互联通和协同响应顾客的需求。最后，其创新的家庭式细胞单元实现了组织成员（包括原有的领导和员工）自管理，在自管理理念下，任何组织成员都可以根据数据化的顾客需求调动企业任何资源解决经营问题，提高了组织成员的主动性与积极性。总而言之，酷特智能从结构、资源和成员三个方面实现了对组织的赋能，推动其实现数据驱动生产。

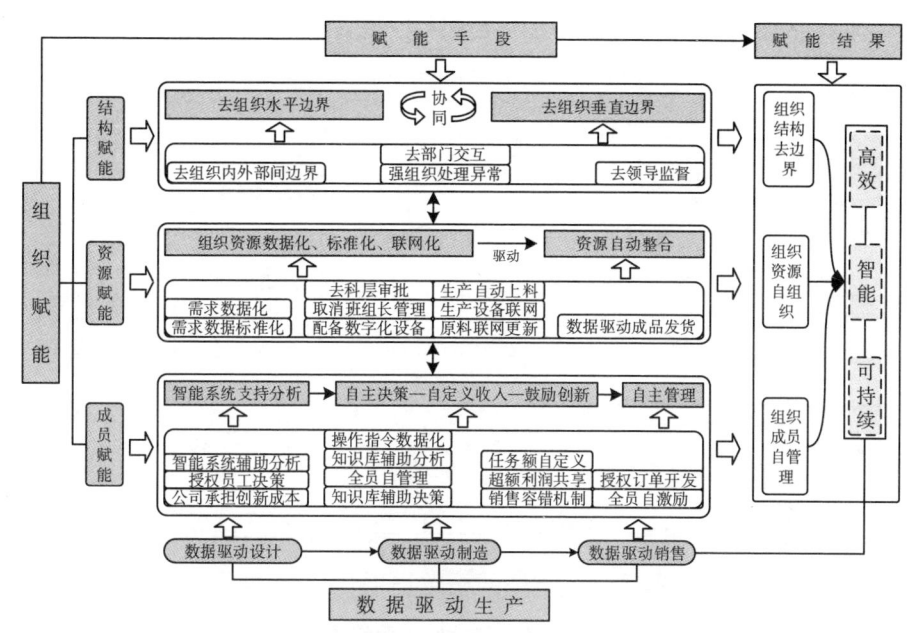

图 7-1　组织赋能实现数据驱动生产的机理模型

1. 组织结构去边界推动信息高效流动

企业边界包括经济边界和组织边界两重边界（冯华等，2013），其中组织边界包括组织内外部间的边界，组织内部边界包括部门间边界和层级间边界（Pattit and Elm，2017）。企业信息传递需要跨越内部层级间、部门间和内外部间的组织边界（Sneep等，2015），导致其在传输过程中总是会被不断地中断和加工，以至于组织信息传输的延迟和失真，从而降低了组织效率（欧阳桃花等，2012）。同时，企业整体的效率不仅取决于对外部资源的整合效率，很大程度上还取决于内部的组织效率（夏清华和陈超，2016）。组织设计的目的是提高组织对数据的获取、分析和运用的能力，提高组织对资源的整合效率以实现组织目标（Elaine and Michael，1994）。通过设定科学规范、合理的组织结构可以提高组织效率（Tushman and

Nadler, 1978）。酷特智能在转型过程中不断地对组织结构进行探索和尝试，主要经历了四次较大的结构调整（见图7-2）。

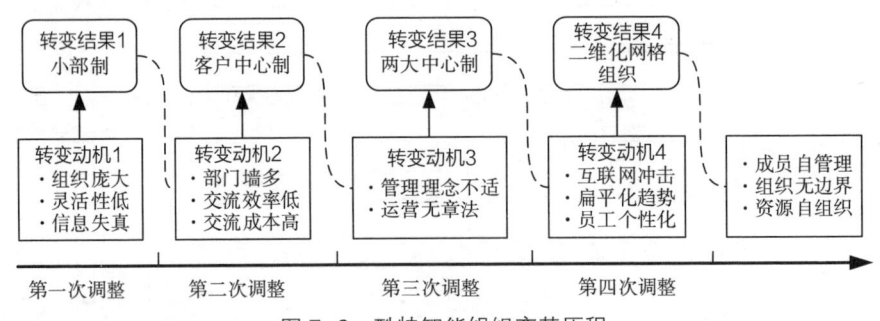

```
转变结果1      转变结果2      转变结果3      转变结果4
小部制         客户中心制     两大中心制     二维化网格
                                          组织
  ↑             ↑             ↑             ↑
转变动机1      转变动机2      转变动机3      转变动机4       成员自管理
·组织庞大      ·部门墙多      ·管理理念不适   ·互联网冲击    ·组织无边界
·灵活性低      ·交流效率低    ·运营无章法     ·扁平化趋势    ·资源自组织
·信息失真      ·交流成本高                   ·员工个性化

第一次调整    第二次调整    第三次调整    第四次调整
```

图7-2 酷特智能组织变革历程

"二维化网格组织"是酷特智能探索无边界组织的成果："二维化"强调去掉层级边界，实现组织结构的极致扁平化；而"网格"则强调去除横向部门间、内外部门间边界，实现二维平面组织节点的任意连接，最终满足数据驱动生产对信息高效流通的需求。职能部门间不再是各自为政，而是围绕顾客中心，打破边界，创造性地回应顾客的需求和愿望（Sanders, 2014）。酷特智能的组织结构变革取消了传统企业冗余的组织层级和部门，实现了组织结构的极致扁平化，减少了信息流通的不必要环节，取消不必要的层级审批、部门、岗位，减少了组织事务处理的延迟，提高了组织效率，最终提高了数据驱动生产系统的效率。在该组织模式中，对员工的管理不再依靠领导，原有的组织领导变成组织中普通的一员，通过贡献个人的知识和技能等辅助组织成功。在顾客需求数据的驱动下，所有组织成员在既定的规则之下各司其职、相互协同，最终提高了数据驱动生产系统的效率。

2. 组织资源自组织推动生产资料整合

酷特智能资源的高效整合一方面依赖于对顾客需求的数据化、标准化和联网化，另一方面则依赖于组织资源的数据化、标准化和联网化，借助数字实现线下实体资源、流程的线上映射，通过标准化的需求数据指挥和调度整个企业资源的协同，使资源在既定的时间出现在需要的地方（Tao，2017）。此外，酷特智能为所有的业务流程都设定了规范的制度、规则和办法，保证生产系统的所有事务处理都有据可循，需求数据流入生产系统后就能在这些规则、制度和办法的引导下直接驱动整个企业的资源进行快速响应。进一步地，酷特智能的所有规则都会经受后期实践的不断检验，通过不断更新和完善而趋于科学和完整。即便是针对突发性事务，酷特智能也为其员工提供了解决指导办法：当员工在生产经营过程中发生突发事故时，员工可以发起虚拟委员会，其有权力从组织系统中抽调任何需要的人力、物资和资金，这些资源也被要求必须响应，在事故处理完结后，公司再对处理过程和结果评估和奖惩，最后形成事故处理规范供后续类似的事故处理者参考和完善。其中，如果事故处理发起人没有能力协调完成事故处理，酷特智能规定其可以将事故处理协调权交付给其他有能力协调处理的成员，自己转为事故处理的协助人员。与此同时，酷特智能提高了自身信息技术的运用能力，整个数据驱动生产系统实现了数字化运营和管理，实现了从客户交互、智能设计、单件生产、智能物流、自主运行到平台服务的数据驱动供应生态。酷特智能将内部资源和外部资源接入生产系统，最终被顾客需求转化后的数据所驱动，精确的资源整合推动了生产系统的精益化，推动了生产的绿色环保和可持续，并实现了组织资源赋能推动数据驱动生产的智能化水平。

3. 组织成员自管理推动管理效率提升

酷特智能在组织变革过程中提出了家庭式细胞单元的管理理念，该管理理念主要来自社会生活的家庭单位运作模式，其倡导组织管理应该向组织治理过渡，最终实现员工自治的状态，回归人性。在一个家庭中没有绝对的领导者，一个家庭通常以生活经验丰富、精力旺盛的父母亲为核心，全体家庭成员都参与家庭事务，贡献自己的智慧，通过协商的方式进行家庭决策。在整个家庭管理过程中，各个家庭成员相互协作、相互维持家庭的正常运转。如前所述，组织赋能除了对刚性的组织结构进行赋能，以及运用信息技术和业务流程优化的规则、制度和办法对组织资源进行赋能外，还需要对组织成员进行赋能，运用柔性的组织赋能手段激发组织事务参与者的潜能，提高其主观能动性和积极性。酷特智能数据驱动的自动化设备替代了大量的手工操作，生产员工的工作职能发生了改变，其不需要再从事重复繁杂的劳作，只是负责过程监控、决策和创新创造，这推动了员工从"工作胜任"到"工作创造"的转变。同时，企业和员工从雇佣关系转变为合作关系，在合作关系中企业与其员工地位趋于平等，一旦员工自主地、独立地创造价值的本能得到释放，员工内在的创造性、积极性就不再需要来自外部的激励，自我激励将替代组织激励，进而促使企业组织功能从"要素集聚+组织赋权"转变为"资源整合+组织赋能"。换句话说，赋能组织原理将替代传统赋权组织原理，即依据赋能原理构造的新组织激励约束方式将主导新的组织分工和组织架构。此外，酷特智能认为员工创造了财富，不仅应该拿到劳动付出应得的报酬，更应该得到其创造的财富，员工创造的超额利润让企业受益，也会让员工自己受益，推动生产系统的良性循环。

　　基于本书的研究成果和酷特智能的实践经验，本书为实践企业赋能组织实现数据驱动生产系统提供了实践指导建议如表7-1所示。

表7-1 组织赋能实现数据驱动生产系统实践指导建议

序号	指导建议
1	对组织结构赋能，精简组织层级和部门，消除不必要的组织边界，提高组织信息传递效率。
2	对组织资源赋能，提升组织信息技术能力，对组织资源进行数据化、标准化和联网化。
3	将人性纳入组织管理理念之中，提倡组织自治，对组织成员赋能，激发组织成员潜能。
4	规范组织制度、规则和办法，事事有依据，提高组织事务处理效率。
5	优化和规范组织事务流程，形成知识库，提升效率。

参照酷特智能的实践转型经验和教训，制造企业需要系统地对组织结构、资源和成员进行转变。同时，因为制造企业生产工艺流程不尽相同，对配套组织结构形式、组织资源整合方式、组织成员管理模式的要求也不同，企业在实践过程中不能完全照抄酷特智能模式，也不能武断地认为组织结构极度扁平化就能提高组织的效率，实践企业需要在这些结论的基础上结合自身的实际情况和需求在组织结构、组织资源和组织成员三方面做出最佳调整。

第八章

数字时代的组织变革创新

钱德勒（1977）认为现代大型企业的本质是在协调或分工基础上的协作，我认为这个观点所指称的内涵应该得到进一步加强：因为企业是诸多要素及要素协同的结果，伴随协作网络的延伸和加强，包括内部协作、内外部协作，企业协作的广度和深度会发生强烈变化，最为直接的体现之一便是组织结构的变化。在两个不同的企业生存时空中，其组织结构必然地会存在新旧迭换，新旧之间又往往在某些方面存在强烈的张力，同时也会在另一些方面维持稳定、削弱抑或加强。

在企业经营战略、业务发生转变的过程中，组织结构也会进行对应的变革与调整，因为企业资源的配置过程必须以一定的组织基础作为支撑，即"战略决定组织，组织跟随战略"。那么，这里值得我们思考的是，组织基础究竟要实现怎样的转变才能保障数字赋能的转型有效落地？这是一项艰难而繁杂的任务。

组织变革是指企业通过对组织与环境的关系以及组织内部各部门关系、管理者与员工的态度与行为的改变，使组织能够适应外部环境的不断变化，其通常被划分为组织的战略变革、结构变革、流程变革和文化变革，并且组织人员被认为是组织变革的出发点和落脚点。鉴于我们在第一章中已经或多或少地阐释了企业经营文化的转变，在第三章对数字时代的企业战略分析（包括其战略定位和战略选择等）进行了必要讨论，也在第四章就数字赋能的企业生产流程创新进行了探讨，本章主要讨论数字时代要求的组织扁平化带来的挑战及应对策略。

第一节　数字时代企业组织扁平化的困境

组织变革要协调企业价值创造过程中涉及的各种关系，使之更加有利于企业经营。今天的组织变革更多的是在应对三种挑战：一是经营环境不确定带来的挑战，二是消费者个性化需求带来的挑战，三是内部组织成员个性化带来的挑战。对此，就组织架构的变革而言（组织变革包含文化、结构、资源配置机制等），进行组织扁平化、网络化、柔性化转变是变革的主旋律。

但目前看，组织变革存在很严重的误区：不遗余力地在追求权力的向下分配——授权。我们很清醒地明白，组织下层的成员并不都具备行使权力所必需的能力和知识。或许会有人说就像阿米巴经营系统所提倡的一样，将管理简单化就可以，但管理如同其他岗位的工作一样是一门专业活，**我所理解的管理至简不仅意味着将管理简单化，而更多的是指一种登峰造极之后的自然状态**。我想表达的是，不讲高低优劣，智者的简单与常人的简单是两种不同的简单。

小微企业的内部混乱、说是自管理其实是无管理等，已经成为组织扁平化过程的拦路虎，如果不把这些问题解决好，那么组织扁平化就只是一句空话。因此，我认为授权的重点不在于是不是以及把多少权力分发、下发给处于权力下层的成员，而是如何确保权力下层的组织成员有能力把这些权力发挥得好、产出效益，推动组织的高效率和可持续发展。相较于Kanter（1993）等对授权的定义"把权力授予那些处在组织权力劣势的成员"，我认为授权一定要把权力给到有需要权力并且能够发挥好权力作用的人手中。这应该是为什么"授权"大多数情况下会附上"赋能"成为"授权赋能"的原因。

权力应该分配给谁？谁能运用这些权力产出更高的效益就应该分配给谁。请放弃权力的公平性观念，权力是为了提升群体效益而出现的，高效益会在另一个层面实现公平，或许是收入的分配。权力更应该倾向于遵从马太效应，谁能发挥得更好，权力就应该属于谁，所谓能者得之，拥有权力的职位自然也是能者居之。这好像是一个不可调和的矛盾：权力的下放是为了消灭集权，而顶层的集权却在保障、维护这个下放的过程。可以说组织变革的权力体系调整是为了消灭权力本身，但在达到权力完全消灭之前，它却不能被放弃。值得指出的是，这里的权力不能与政治权力的概念等同起来，政治权力是另外一个更加复杂的系统，恕我不能深究。

显然，数字技术嵌入本身能够让权力分配更公平，一方面，领导不需要花很多的时间精力去做决策、去管理，因为这些技术已经解决了很大一部分问题；另一方面，员工可以更好地成为自己的主人，员工可以更多地从智能系统那里得到支持以胜任领导下放的经营管理职能。这在某种层面上保障了权力体系的有效扁平化。

第二节　组织扁平化如何与层级晋升协同

诸位不要以为组织扁平化与晋升激励在组织层级数量上的矛盾是可以自动调和的，大型企业由于规模庞大，出于有效管理幅度的限制，会花费足够的精力对层级管控的流程进行充分的探讨和建设，使得其员工的晋升路径与上下级汇报流程所跨越的层级关系各不相同。然而，在诸多中小企业中，下级汇报和员工职位晋升的两套逻辑是粗暴地依赖于同一套组织层级关系的。当这些中小企业由于业务的发展，在规模上持续扩张时，就会面临扁平化效率追求与多层级晋升激励之间的强烈张力，此时就需要考虑在层级汇报和层级晋升之间进行良好协同，进而设计出适切的层级结构关系。

这里，我以 SY 公司的阿米巴经营探索实践为例，就数字时代的企业如何回应组织结构晋升与组织扁平化追求灵活性和效率之间的矛盾进行探讨，为更多企业在不确定的数字时代进行组织结构探索提供必要启示。

1. 组织扁平化与层级晋升激励的矛盾

升职与加薪是就职者的共同诉求（Chen 等，2015）。然而，互联网时代商业环境的复杂与多变使得传统等级制管理越发笨拙。层级组织已经不能适应今天的组织管理需求（Smailes and Cross，2015）。此外，在复杂多变、去边界、去中心化的组织管理背景下，组织扁平化作为新的组织结构模式成为组织结构发展的必然趋势（Smailes and Cross，2015）。

从研究的角度来说，现有就企业如何在组织结构扁平化发展情境下保留层级组织晋升激励优势的研究仍有不足。第一，有研究提倡在组织内部实现"技术 – 管理"的双阶梯晋升机制和多阶梯晋升机制（李华和李传昭，2004）乃至不同晋升阶梯之间的交叉晋升机制（王烨捷，2018），显然地，这种方法仍然不能很好地适应组织结构扁平化的需要，反而造成了晋升路径的繁杂和混乱，让员工无所适从，企业实践采用这些路径设计收效甚微（Shetzer and Stackman，1990）。第二，有研究提倡在晋升激励所依赖的组织多层级和扁平化管理所需要的组织少层级之间找到平衡点，兼顾晋升激励和扁平化管理所需的层级（Burns and Wholey，1993）。应该看到的是，这种折中方式不但不能很好地发挥组织层级的晋升激励作用，还会降低扁平化管理原本能够创造的管理价值。从实践的角度来说，首先，现实中很多企业的组织结构设计只能维持企业的基本运转，不能发挥组织层级在管控和激励方面的潜在优势。其次，部分企业晋升路径设计混乱，企业员工对未来的职业发展迷茫不已。此外，部分企业层级信息交流机制缺失或模糊，常常存在"试探交流"的现象（信息传达前先进行对象身份的确认），造成了组织信息交流的低效和高成本。

竞争激烈、复杂多变的商业经济环境要求企业组织结构实现扁平化，从而降低僵硬的多层级组织由于反应迟钝造成的组织效率低下问题。然而，组织层级晋升作为强有力的组织激励方式与组织扁平化管理过程相互矛盾，如何在实现组织扁平化的同时保留组织层级晋升激励，这是当前管理的一个困局。

2. SY 公司案例背景

SY 公司成立于 2011 年，专注于大数据视频融合运用的技术和服务，于 2015 年在新三板上市。由于业务量激增，SY 于 2016 年开始在公司推行阿米巴经营管理体系，助力其进一步拓展业务。仅 2017 年，SY 公司就在北京、太原、苏州布局了 3 家子公司，同时还在北京、南京、苏州、常州、成都、武汉等城市布局有多家分公司，增长速度为业内第一。截至 2018 年，SY 公司市值已经突破 3 亿元。SY 公司在践行阿米巴经营管理体系的过程中，同样面临着困境：阿米巴经营哲学与中国传统文化的差异、新时代的信息技术与管理理念对传统阿米巴经营管理的冲击等。SY 公司经过深入思考，结合中国情况、SY 公司情况，开创了独具自身特色的"阿米巴多层级合伙人制"经营管理体系，成功摸索出了独特的阿米巴经营中国化路径，并且成功探索出了协同晋升激励依赖的组织多层级和扁平化管理之间的矛盾的解决方案。结合 SY 公司阿米巴多层级合伙人制经营哲学和创新实践，本书从激励视角出发，考察其在经营哲学和组织设计两方面的阿米巴经营中国化创新实践对其自身业务发展的积极影响。SY 公司发展历程如图 8-1 所示。

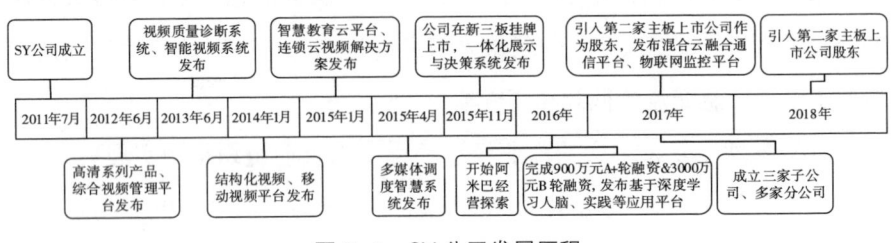

图 8-1 SY 公司发展历程

3. 晋升激励的组织多层级设计

传统处于组织高层级的员工掌握着更多、更大的决策权和管控权，能对下属发号施令，从而实现组织的统一指挥和命令。同时，虽然处于组织高层级的员工拥有相对丰富的经验、知识与技能，但是组织高层级员工也往往远离一线，对公司业务发展的现实情况以及市场变化不能实时掌握，从而出现"决策对不上问题"的情况，这造成了企业管理的低效甚至无效。

一如所有等级制管理的企业，SY 公司也遭受过同样的困扰。后来，在引入阿米巴经营模式的基础上，SY 公司渐渐发展形成了具有独特职能的多层级结构模式，其模式不仅能够培养具有经营意识的人才成为创业家员工，还能很好地实现组织层级的晋升激励，以及更好地发挥高层级人才的才能为下属单位的经营绩效负责。此外，由于有相当一部分员工的离职在于没有得到恰当的晋升，而对于处于"高原稳定点"的员工而言，离职之后大多数会进入更小的公司发展，从而在职位晋升上获得更好的满足（Ference 等,1977）。SY 公司的多层级结构模式中直接将"培养创业家员工"作为经营的终极目的，这解决了晋升天花板的问题。在经过所有层级晋升之后，有极个别人才会在合适的时间接管目前公司的领导权，而绝大多数具备经营知识和才能的组织成员则独立出来，依托 SY 公司的资源成立新的企业、开创新的事业，实现从企业内部合伙人到外部合伙人、从员工到领导者的蜕变，实现个人价值和理想。依据以上分析，构建 SY 公司的多层级组织结构及管理模式如图 8-2 所示。

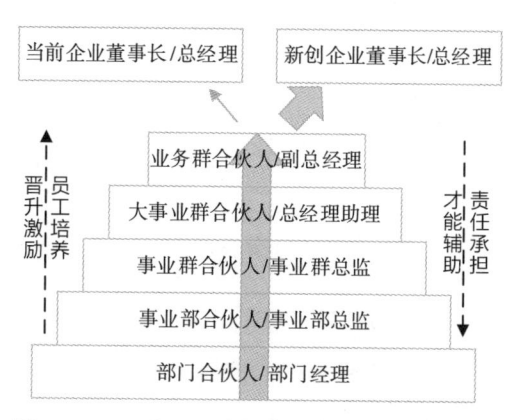

图 8-2　SY 公司晋升激励逻辑的组织层级结构

如图 8-2，从下往上，组织的多层级模式发挥晋升激励和创业家员工培养的功能，为组织提供了足够的晋升层级，通过创业家员工培养和输出解决了晋升激励的最后瓶颈；从上往下看，组织高层级员工为组织下层提供高阶才能辅助和经营责任分担，激活了高层级员工活力，也弥补了扁平化管理下底层自组织和自管理中高阶才能缺失的缺点。

4. 管控逻辑的组织扁平化设计

转变组织层级的管控思维和构建平台化战略解决了组织晋升激励的难题，但组织内部仍然需要出现新的组织结构模式来代替传统等级组织的管控职能。此外，组织实现扁平化管理正是组织结构模式的未来发展趋势，而组织扁平化造成的中间层级缺失，连带地导致了中间层级的必要管理职能需要转移。故而，在扁平化管理情景下推行底层组织的自我管理，接管组织扁平化移交出来的必要管理权,同时实现对底层组织和员工的授权激励(Angelique 等,2018)具有重要的意义。

　　基于这样的逻辑,SY 公司在自身的阿米巴经营体系中实现了基于自组织和自管理的、融合传统管控逻辑的组织扁平化结构模式。(1)在从上到下的信息传递过程中,SY 公司决策层面的管控信息通过中间的阿米巴巴长就可以传递到执行员工。通常情况下,SY 公司管控的只是指标,具体的实施方法、过程和要求等都是阿米巴单元内部讨论决定的。而对于有必要避开中间阿米巴巴长的信息传输,其可以从决策层直接对接到组织成员,而绕过中间的阿米巴巴长。(2)从下到上的信息传递过程中,员工的任何申述、建议、问题等都会通过阿米巴巴长之后才上传到决策层领导。而对于组织员工认为有必要跨级传输的信息,则可以绕过中间的阿米巴巴长而直接对话决策层领导,决策层领导依据信息的合理性与否给予答复;对于没有必要绕过中间阿米巴巴长的信息会被退回,重走正常上行信息传输渠道。总的来说,SY 公司扁平化层级管控的背后逻辑是:通过对底层单位和底层员工的授权赋能而实现其自组织、自管理,尽可能地发挥底层单位和成员的智慧,并且实现全员参与经营的阿米巴经营设想。并且,底层单位和员工自组织和自管理的实现得益于从体系中培养出来相对具有经营意识的人才。反过来,自组织、自管理的思维又为企业培养了更多具有经营意识的人才,实现了授权赋能情景下的人才培养和组织自管理的良性循环。据此,SY 公司自组织、自管理下的扁平化组织结构模式如图 8-3 所示。

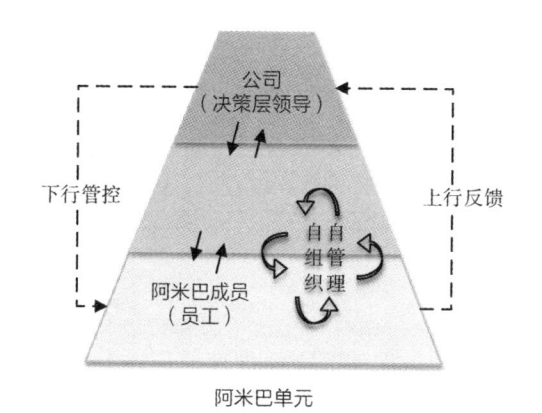

图 8-3　SY 公司扁平化层级管控逻辑的组织结构

SY 公司管控逻辑下的组织结构实现了极致的扁平化管理，通过向底层单位和一线员工的授权赋能，在底层实现自组织和自管理，SY 公司的组织管控结构只保留了最基本、最必要的组织层级需要。并且，SY 公司在底层的阿米巴单元中选拔出了具有经营意识的阿米巴巴长负责整个阿米巴单元的经营管理工作，这极大地解放了公司高层的管控，激活了底层的活力，提高了组织效率。

第三节　组织扁平化协同层级晋升的关键

综合现有相关研究的研究结论，以及对 SY 公司在组织层级设计和管理方面的创新分析，构建组织多层级下晋升激励与组织扁平化下授权激励的协同机理模型如图 8-4 所示。

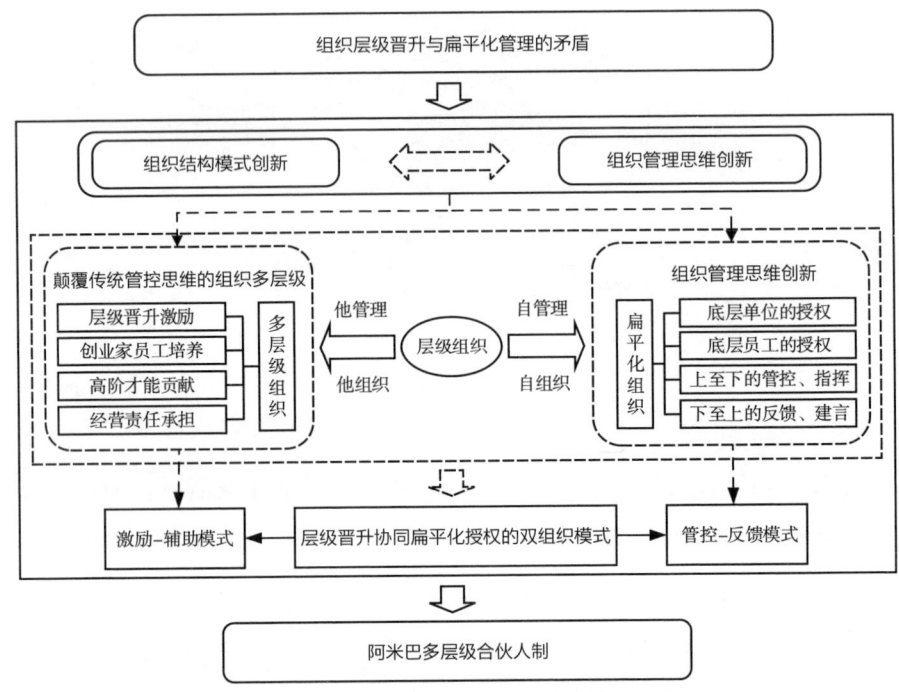

图 8-4　SY 公司层级晋升与扁平化授权激励的协同机理

总的来看，SY 公司通过组织设计和组织管理思维两方面的创新，在企业内部推行"阿米巴多层级合伙人制"，实现了"激励–辅助模式"的多层级组织和"管控–反馈模式"的扁平化组织，这突破了传统组织层级的管控思维，在多层级的组织结构模式下保留层级结构组织的晋升激励、创业家员工培养、高阶人才的才能贡献和经营责任分担等，将多层级组织原有的统一管控和指挥等功能转移到自组织、自管理基础上的扁平化组织模式中。此外，SY 公司的创新实践还表明：组织层级设计产生的高层领导不应该只进行层级管控，而应该更多地承担其管辖范围内组织业务的辅助和指导等职责。换言之，在复杂多变的商业环境催生的组织扁平化管理背景下，组织层级设计要转变传统的管控思维，让组织多层级存在与责任挂钩而不是权力挂钩。此外，组织扁平化不是简单地去除管理中间层级回归；

一领导的繁杂管理过程,而是通过自组织、自管理而实现向下授权,这是授权与授权保障设计的过程。

1. 转变组织层级的管控思维

一方面,传统组织层级设立的目的是解决企业体量日益扩大所带来的管理问题,这虽然在一定程度上缓解了单一领导造成的管理困境,但是多层级的管控也造成了组织管理的效率低下问题。另一方面,组织的层级设计满足了传统员工对于层级权力的需求,成为现实企业激励的重要手段。但是今天复杂多变的商业经营环境要求企业的经营管理具备足够的敏捷性和反应能力,传统等级制管理模式附带的组织冗余以及统一管控带来的反应力低下等问题,使得组织层级管控思维显得越发不合时宜。不过,也应看到传统组织的多层级模式在员工晋升激励、人才培养、高阶技能储备等方面仍然具有一定可取之处。尤其是在经历2000多年封建等级制度管理的中国,层级晋升激励在当前乃至未来很长的一段时间仍会是组织激励的有效手段。此外,在等级制管控渐入淘汰境地的同时,组织扁平化、去中心化逐渐成为组织结构模式的新范式。

综合SY公司的实践以及组织层级的研究探讨,可以总结出:今天的组织多层级绝不能为了实现传统意义上的管控需求而存在,多层级组织要实现的统一指挥和控制所造成的弊已经远远大于利。企业经营管理应当转变组织多层级的传统管控思维。(1)发挥处在高层级职位人才的高阶才能,更好地辅助、服务和支持企业业务的发展,而组织内部传统的管理权、决策权则需要实现扁平化,进而向下授权,最后交由组织内部的小团体进行自管理。换言之,组织成员处在组织高层级不等于权力大,相反其需要通过贡献自己的高阶才能来辅助自己管辖业务获得成功,承担更多的经营责任,从而获得更高的回报。这在很大程度上解决了组织扁平化过程中底层自我管理能力不足的问题。(2)企业经营可以尽可能地发挥组织多层级具备的晋升激励作用，为企业吸引人才、留住人才，为企业的长远发展奠定良好的人才基础。(3)企业还可以借由自身的行业积累发展形成孵化平台，借力国家创新创业发展的政策，解决好组织晋升激励过程中员工的层级终点问题以及"高原稳定"问题，通过协同组织内部的人才资源和企业自身的资源，不断完善自身产业链乃至生态布局，实现企业持久健康的发展。

2. 自组织与自管理下的组织扁平化

自组织与自管理是近年来组织管理领域的新兴概念，其强调组织内部成员的自我组织和自我管理，通过去除冗余的中层管理层级实现组织决策权、管理权的下放，是组织授权的过程，其可以提高组织对变化的预知力、应对力，最终实现企业整体的经营敏捷性。而组织扁平化是当代企业研究为解决传统组织等级制管理的反应力不足、冗员、效率低下等现实问题，结合互联网思维的去中心化趋势所提出的新组织管理模式。两者涵盖的内容具有一定的相似性：其目的都是通过权力下放达到去除中间管理层级，进而降低组织层级冗余带来的经营管理成本，提高组织灵活性、敏捷性，实现组织效益。值得指出的是，当前企业实践出现的二维化网格组织、网络化组织、家庭式组织、小微组织等新兴组织概念，都是基于自组织、自管理、自激励、自领导等自文化延伸的扁平化组织。

SY公司通过引入阿米巴经营模式，并且创新地在组织内部的阿米巴单元实践自组织和自管理，所有阿米巴单元在任务达成过程中都具有极高的决策权和管理权，还能获得处在高层级职务的外部人员的高阶才能辅助和支持，这是SY公司给处在高层级员工规定的经营责任，如果其辅助和支持的阿米巴单元不能完成任务，那么这些高层级辅助员工的各种奖励和福利就会被取消。当然地，这些具备高阶才能的人才也会按照既定的合理化比例共享其辅助和支持的阿米巴单元的收益。总言之，SY 公司通过阿米巴单元的自组织和自管理加强了组织扁平化管理，并且这些阿米巴单元的自组织和自管理过程还将获得"激励－辅助模式"下组织高层人员的高阶才能支持，这大大提高了阿米巴单元经营的成功。

3. 阿米巴多层级合伙人制

阿米巴多层级合伙人制是 SY 公司就阿米巴经营探索出的协同组织层级晋升和扁平化管理的实践成果。

"阿米巴"代表了扁平化的组织结构模式以及扁平化管理：阿米巴经营模式推崇各个阿米巴单元的独立经营核算，这实现了底层的自组织和自管理，激活了底层的活力。另外，通过去除中间层级的管控，实现对底层单位和员工的授权，将阿米巴经营模式作为扁平化管理的落脚点，进一步加强底层单位和员工的自组织和自管理能力，进一步激活底层的活力。最终，组织结构在实现扁平化的同时实现了组织结构调整的灵活性，推动 SY 公司更好地应对市场变化以及实现组织扁平化管理。

"多层级合伙人制"则强调组织内部的多层级结构，不再具有传统层级组织的管控功能，而是面向培养创业家员工设立，为最终输出具有经营意识的新创企业的合伙人服务。这解决了传统组织层级晋升过程中"高原稳定"的问题，同时也为企业进一步完善自身的产业链和产业生态布局源源不断地输送人才。这些内部培养起来的高阶人才进入新创企业担任负责人时，于母公司而言具有更高的文化认同和使命追求，这为新创企业在经营管理等方面和母公司保持一致奠定了基础。由于在传统多层级的组织结构中，高层级员工不仅仅执行管控权力，还会通过自己的高阶才能辅助下属单位的经营业务发展。对此，SY 公司选择保留多层级组织的这类辅助、支持等功能，并将其强化成为组织经营管理的硬性规则，让高层级的员工分担更多的经营责任。这不但缓解了传统多层级组织高层级领导人浮于事的现象，同时还激活了高层级员工的积极主动性，促成了业务经营的成功。

不同于传统研究的晋升宽带设计、多渠道晋升设计等，前述所构建的组织多层级与扁平化管理的协同机理模型表明：通过组织结构模式创新和组织管理思维创新，最终在组织中实现组织双结构模式（激励－辅助模式和管控－反馈模式）能够协调传统组织多层级与扁平化管理趋势之间的矛盾。

在组织结构多层级的"激励－辅助模式"下，企业具备如下优势。（1）企业可以发挥组织多层级带来的晋升激励优势，帮助企业吸引人、留住人，最终保证企业的稳定、健康发展。（2）企业可以发挥组织多层级对于经营人才的培养优势，为企业培养更多具有经营意识的人才。企业还可以实施平台战略发挥组织高阶人才的经营才能和企业自身的资源优势，开创新的企业，开辟新的业务，在完善企业自身产业链和产业生态布局的同时，解决组织成员由于"高原稳定"造成的离职问题，缓解企业员工的创业冲动和创业资源匮乏的矛盾。（3）企业还可以发挥组织多层级中处于高层级员工的才能，通过对等的精神、物质回报，让其投身到组织经营业务发展的知识、技能辅助和支持中去，通过担当更多的经营责任来提高其经营才能，最终实现企业和个人的共同成长。

在组织结构扁平化的"管控－反馈模式"下，企业具备如下优势。（1）通过组织授权赋能在底层部门实现自组织和自管理，去除传统组织多层级管控下的中层冗余问题，在降低组织管理成本的同时提高组织的敏捷性。（2）扁平化组织中，只设置必要的组织管控层级，推动组织经营管理过程中的下行命令和指挥、上行反馈和建言等信息交流的高效、保真。

第四节　数字时代组织变革的其他新探索

当前的企业组织变革实践涌现了小微组织、链群组织、家庭式细胞核组织、网格组织等比较时新的组织概念，不管承认与否，其中都能看到阿米巴组织的影子，或者说都是阿米巴组织的变种，这都是对组织效率的追求。

阿米巴经营系统源于日本经营圣手稻盛和夫（2016）先生，其因为对组织灵活性的有益探索而备受企业家推崇。但阿米巴经营系统的本质内涵却不仅限于阿米巴经营组织，其包含了阿米巴经营哲学、阿米巴经营组织和阿米巴经营会计三大模块。或许是不能，其实更多的可能是不愿意，国内诸多企业在打造阿米巴经营系统时，总会有意无意地避开经营哲学和经营会计，如果经营哲学和经营会计无法实现同步，那么阿米巴经营组织的实践效果就会大打折扣。中国企业的阿米巴经营实践还有很长的路要走！

阿米巴经营组织强调：(1) 从内部培养出优秀的组织成员以分担高层领导的管理职责；(2) 清晰划分企业组织，形成责任明晰的功能性组织单元，每个组织单元都具有独立而完整的功能，组织单元间独立经营、自负盈亏，实现内部市场化；(3) 赋能组织单元（阿米巴单元），在组织单元内部推行自管理，激发员工的自主性、积极性和创造性。此外，阿米巴经营组织的精髓在于让内部的组织单元能像阿米巴原虫一样根据生存环境进行分裂和组合，通过灵活的组织规模扩大和缩减以提高组织的灵活性，进而能够更好地应对变化的环境对组织单元动态能力的要求。总体而言，阿米巴组织的优势在于激活组织，提高组织适应不确定经营环境的能力，提高经营效率，降低运营成本，因为处在一线的组织单元比企业中其他任何部门对自身情况都要清楚，也只有知道了需要改进的问题才能确保改进工作的有效性。

近年来，阿米巴经营模式在国内掀起了狂热的学习热潮。在管理咨询层面，除了稻盛和夫管理顾问有限公司之外，江南江北也成立了很多盛和塾的分塾（很遗憾，稻盛先生已经于2019年年底关闭所有的盛和塾），同时国内诸多管理咨询公司也提供有阿米巴经营管理模式的咨询和培训业务，这些管理培训机构和单位都在对外极力推行阿米巴经营管理模式。在实践层面，很多行业企业都在探索阿米巴经营管理模式的本土化实现路径，包括金融、信息科技、生产制造、营销等类型的企业。但现实中，企业的阿米巴经营模式实践效果都不甚明显，最为普遍接受的归因是阿米巴经营系统是经营哲学、经营会计和经营组织三合一的整体，三者之间相互支撑、互为辅助，只有在企业实践中将三者同时落实到位才能确保阿米巴经营模式的成功，而很多实践企业并没有能力（必须得到最高领导尽全力贯彻）全方位地对企业经营管理体系进行颠覆式的变革。其中，就实现阿米巴经营组织而言，最明显的是阿米巴经营组织要求的授权赋能在组织变革中常常会遭遇高层领导的阻挠，这种阻碍来自高层领导对权力被削弱的反抗。总体来看，国内阿米巴经营模式实践基本上还处在探索阶段。

企业平台化发展，无论是自己成为平台核心企业，还是加入其他企业创建的平台生态中，都要求企业的组织在灵活性、自主性、创新创造性等方面得到提升，小微组织、链群组织、家庭式细胞核组织、网格组织、阿米巴经营组织等新兴的组织形式正是迎合了这种趋势，才得以在企业组织变革中大放异彩。但应该考虑的是，企业组织变革的成功不仅仅是组织架构调整的问题，其要求企业在经营理念、财务体系、业务流程等多方面都要实现转型。同时，国内诸多企业实践已经验证员工持股计划、差额利润分配等激励措施都能加持企业组织变革。

组织变革只是手段，企业依托灵活、高效的组织形式创造、分享更多的价值才是这些新兴组织出现的真正目的。

第九章

战略更新与结构变革协同演化

战略转型是企业在数字时代不可回避的重要课题。企业战略转型指企业为实现其战略而对组织要素进行重配，系统性地改变原有战略要素的特征或结构，使企业战略定位或战略制定过程发生改变的战略行为（薛有志等，2012）。战略转型不仅改变战略内容，还涉及组织其他要素的变化，如组织文化、组织结构、管理体系等（Greiner and Bhambri，1989）。其中，企业战略与组织结构的相互关系一直是学术研究和企业实践关注的热点问题，尽管 Chandler（1962）在《战略与结构》一书中明确给出的"战略决定结构、结构跟随战略"结论至今仍深刻影响着管理学的研究和实践，但这并没有回答企业战略究竟如何决定组织结构，组织结构又如何跟随企业战略（何小钢，2019）。对此，后续的相关研究也没有给出确切的答案，这使得企业在战略转型实践中不能很好地处理战略与组织结构的关系，引致诸多转型失败。

有鉴于不同的企业实践表现出了渐进式和重构式两种不同的企业战略更新模式，本节拟采用对比案例研究方法，选取青岛海尔集团有限公司和青岛酷特智能股份有限公司作为案例对象，从协同演化视角出发，探究企业战略更新与组织结构变革的协同演化机理并构建理论模型，一来试图回答企业战略与组织结构的复杂、动态互动关系，二来试图就不同企业战略更新模式与组织结构变革协同演化的异同进行对比分析，以期对现有研究的缺憾进行补充，同时希望在企业转型成为数字时代重要命题的情境中，为企业战略更新与组织结构变革的实践提供重要的理论指导。

第一节　渐进式战略更新与破坏性结构变革协同演化

海尔成立至今,前后经历了六次战略更新,组织结构也对应地进行了六次重大调整(见图9-1)。海尔战略更新和组织结构变革的实践表明,其战略更新的外部影响因素主要是环境变迁所涌现的战略机遇,经营环境变迁使得海尔上一阶段战略失效,为确保在新阶段能够获得并保持竞争优势,海尔选择根据环境变迁所涌现的战略机遇及时地进行战略更新,进而使得其战略更新呈现明显的渐进式特征。正如张瑞敏先生评价把握时代脉搏对海尔的重要性时所说:"如果没有改革开放,就没有海尔的今天,但是海尔也不可能每次都踏准时代的节拍,而且一旦踏不准,就可能万劫不复……认清时代对于战略性思维的构建非常重要。"

海尔领导者对环境与企业经营关系的"环境决定论"认知和其环境适应能力是推动其渐进式战略更新重要的内部影响因素。正如张瑞敏先生的公开演讲——"没有成功的企业,只有时代的企业",这种"环境决定论"的认知促使其倾向基于战略机遇和环境适应能力而做出战略决策,最终影响了企业的战略行为。其中,海尔极强的环境适应能力也使得其能很好地突破频繁更新战略所招致的各种惯例障碍,确保渐进式战略能够落地并取得经营成效。

第九章 战略更新与结构变革协同演化

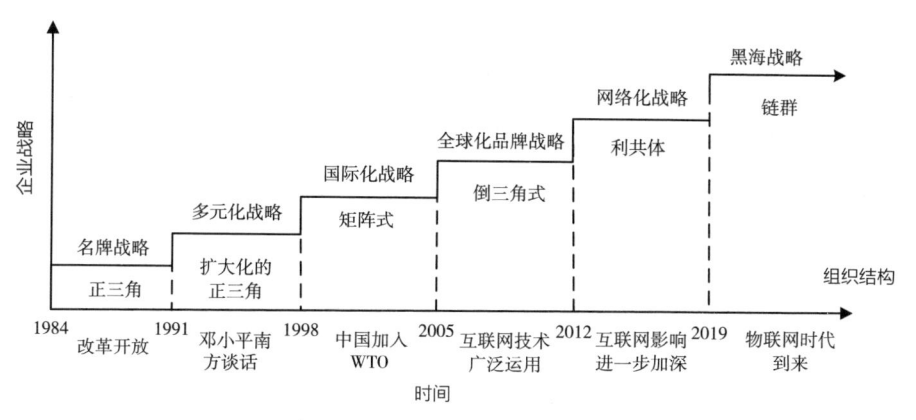

图 9-1 海尔战略更新和组织结构演化的对应关系

海尔各阶段的战略因各阶段的战略机遇而设计和选择，具有相对明确的阶段性战略目标，进而对组织的支撑功能提出了明确要求，引领了组织结构变革。正如张瑞敏先生接受媒体采访时所说："没有战略方向的引领，组织怎么变呢？我们的战略就是一定要变成互联网式的人单合一，所以组织才解体，并不是说什么都没有想到、战略不明确就解构组织了，这样就不知道往哪儿走。"同时，海尔组织结构变革因面向具体且明确的阶段战略目标，致使其相对可以脱离上一阶段的结构基础去建构全新的结构形态，引致其组织结构变革呈现破坏性特征。同时，新的阶段目标和结构形态往往要求新的能力，海尔在建构其战略支撑能力过程中主要以探索式学习为主，而部分需要提升的能力（基础性、辅助性能力）则可以通过利用式学习的机制来加强和优化。

海尔的组织结构变革通过两条路径影响其战略更新。其一，海尔上一阶段的组织结构变革结果会形成一定的经验和教训，从而可以指导其在下一阶段的战略机遇驱动下更好地进行战略的设计和选择，如黑海战略除了回应物联网时代对生态型企业的呼唤之外，还对前一阶段利共体小微组织不能形成良好协同、各自为政等问题进行了回应，强调内部小微组织要面向用户需求形成小微群落，相互协同以创造用户价值。其二，在经营环境愈发不稳定、不确定的时代，尽管海尔阶段性战略具有相对明确的目标，但在一些战略细节上仍会存在模糊性，其组织结构变革得以基于具体的组织行动，细化同阶段战略的内容，如黑海战略引领下的小微组织结构变革推动内部小微组织自生成其战略，这在更低一个层面细化了其黑海战略的内涵。构建对应机理模型如图9-2所示。

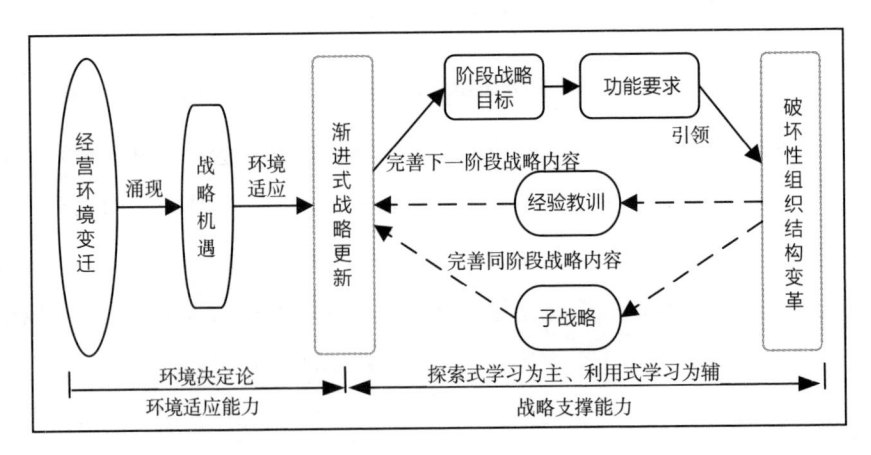

图 9-2　海尔渐进式战略更新与破坏性组织结构变革的协同演化机理

第二节　重构式战略更新与突破性结构变革协同演化

酷特智能战略转型之初，服装制造行业竞争激烈，最终其选择面向服装智能制造的未来，设定了大规模流水线定制战略，并且前后经历了五次重大的组织结构调整（见图9-3）。酷特智能战略更新的实践表明，经营环境变迁导致其当时战略失效所带来的战略挑战是其战略更新的重要外部动因，战略失效引发了其领导者的思考和探讨，如外出向日本丰田、德国大众、美国通用、意大利阿玛尼、法国 LVMH 集团等领先企业学习，基于极强的战略预测能力，瞄准未来，设定企业长远而宏大的大规模流水线定制战略，使得其战略更新呈现重构式特征。

酷特智能领导者对环境与企业经营关系的"自由意志论"认知和其极强的战略预测能力是推动其重构式战略更新的重要内部影响因素。正如其董事长张代理接受访谈时所讲："很幸运生在这个时代，也理所应当、力所能及地为这个时代做点什么……我们的目标是做一家有利于人类文明进步的百年企业，引领这个时代的制造文明。"这种"自由意志论"的认知促使其在面对战略失效时，倾向基于外部战略挑战和内部战略预测能力，超越环境限制，做出长远的战略决策。其中，内部领导者极强的战略预测能力使得其能够准确把握服装制造的未来发展趋势，很大程度上确保了其战略转型方向的正确性。

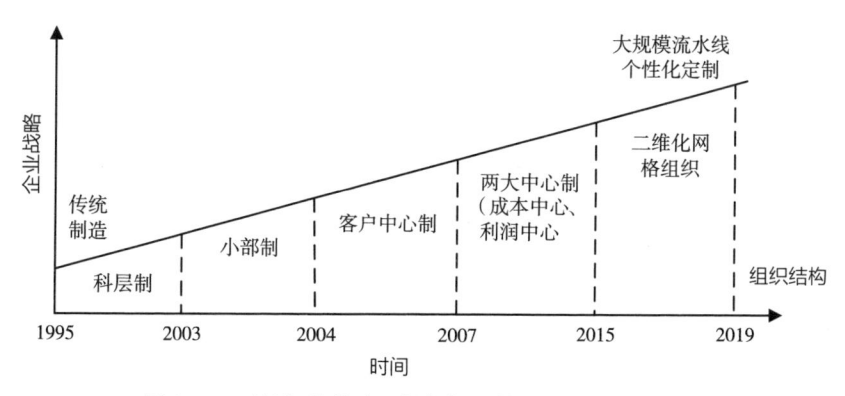

图 9-3　酷特智能战略更新与组织结构演化的对应关系

酷特智能"大规模流水线定制"的重构式战略在转型初期只是模糊的战略目标导向，缺乏实质性战略内容，一如张代理接受采访时表示："在转型的最开始，我就认为服装制造的未来一定是大规模定制，我们必须朝那里转,尽管怎么转我也不知道。"酷特智能重构式战略的模糊性导致组织结构变革不能一次性适配,对宏大战略目标失察导致组织结构变革不充分,战略失察倒逼其基于上一阶段组织结构变革结果展开新的探索,引致其组织结构变革呈现突破性特征。在此过程中,因为重构式战略缺乏明确目标,酷特智能主要通过利用式学习建构战略支撑能力,如为解决第一阶段科层制灵活性不足的问题,其在第二阶段将组织结构设计成了"小部制"。酷特智能持续的组织结构变革推动其一点点实现宏大战略的功能要求,阶段变革结果与宏大战略目标间的差距在某些方面会渐渐清晰,新阶段的变革得以脱离上阶段的束缚,从而瞄准明确的战略差距,采用探索式学习来获得全新的战略支撑能力,如当其明确大规模定制必要依托模块化生产后,其开始大量投入服装模块系统的开发和建设。

酷特智能组织结构变革影响其重构式战略更新的机制为:通过阶段组织结构变革不断具化重构式战略的内涵。酷特智能的组织结构变革始终有一个准绳,其副总裁接受访谈时说道:"我们会评估每次调整的成功之处和不足,比如信息传输效率、市场反应速度、员工积极性、责任感等,只要有上升空间就继续改。"基于持续的探索,酷特智能最终将其组织结构打造成了二维化网格组织(企业自行定义,即纵向层级平面化、横向链接网格化),并将大规模流水线定制战略的内容具化为:组织成员自管理、组织资源自组织、组织结构无边界。正如酷特智能董事长接受访谈时所述:"用大规模流水线的逻辑去做定制还没有企业尝试过,我们也不知道怎么做,我们也是在摸索,很幸运,十几年了,我们算是基本达成了……我们创新了很多概念,外界都没有提过的,都是我们从实践中总结出来的。"酷特智能的重构式战略与其组织结构协同演化的机理模型如图9-4所示。

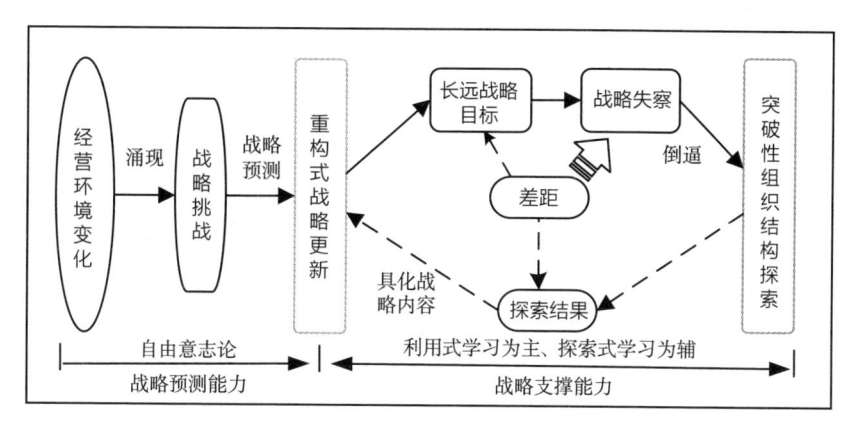

图 9-4　酷特智能重构式企业战略更新与突破性组织结构变革的协同演化机理

第三节　战略更新与结构变革协同演化机理

通过跨案例对比，进而识别出案例战略更新与组织结构变革协同演化的共性和个性特征，汇总并构建企业战略更新与组织结构变革协同演化的机理模型，如图 9-5 所示。

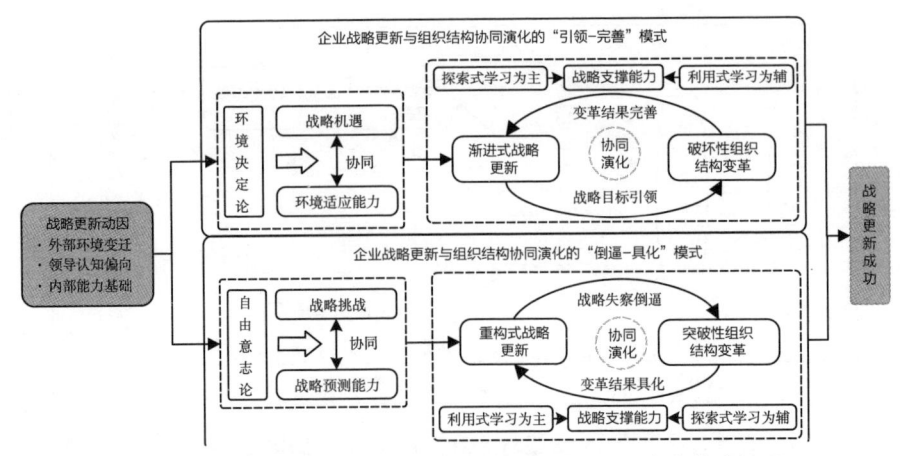

图 9-5 企业战略更新与组织结构变革的两种协同演化模式机理

海尔和酷特智能关于战略更新与组织结构协同演化的共性表现为以下几点。第一，两者都受到外部经营环境变化以及内部领导者认知偏向和内部能力基础的共同影响。外部经营环境变化导致现有战略不适切是企业进行战略更新的重要外部动因，而企业领导者关于环境与企业经营间关系的认知以及内部能力基础则是企业战略更新的重要内部动因。第二，海尔和酷特智能的实践都表明，企业战略更新和组织结构变革协同演化过程要求企业建构足够的战略支撑能力，而战略支撑能力的获得要求企业进行组织学习，并且组织学习过程都包含了探索式和利用式两种学习方式，通过探索式学习可以建构新的战略支撑能力，而通过利用式学习则可以对已有能力进行优化和提升，增强原有的战略支撑能力。

海尔和酷特智能关于战略更新与组织机构变革协同演化的差异性包括以下几点。第一，战略更新的动力机制不同。海尔张瑞敏对环境与企业经营关系的认识偏向"环境决定论"，因此其选择在经营环境变化所涌现的战略机遇和内部环境适应能力之间进行协同，进而决定渐进式战略更新的设计和选择。而酷特智能领导者的认知偏向"自由意志论"，其选择在经营

第九章 战略更新与结构变革协同演化

环境变化所涌现的战略挑战和内部战略预测能力之间进行协同，进而决定重构式战略更新的设计和选择。第二，战略更新与组织结构变革的协同演化机制不同。海尔渐进式战略更新因战略机遇而动，清晰的阶段战略目标引领破坏性组织结构变革，并且组织战略支撑能力的获得以探索式学习为主、利用式学习为辅。海尔破坏性组织结构变革的结果一方面完善同阶段战略的遗漏，同时上一阶段的变革经验和教训还可以完善下一阶段更新战略的细节，本书将此种协同演化模式界定为"引领－完善"模式。与海尔不同，酷特智能重构式战略更新因目标模糊而无法直接对组织结构变革提出明确要求，后者被上一阶段组织结构变革结果与宏大战略目标间差距所形成的战略失察所倒逼，并形成突破性组织结构变革，其战略支撑能力的获得以利用式学习为主、探索式学习为辅，持续的组织结构探索不断具化宏大模糊战略的内涵，本书将此种协同演化模式界定为"倒逼－具化"模式。汇总这两种模式的主要差异如表 9-1 所示。

表 9-1　企业战略更新与组织结构两种协同演化模式的比较

比较维度	"引领－完善"模式	"倒逼－具化"模式
战略更新外部因素	环境变迁涌现的战略机遇	环境变迁涌现的战略挑战
战略更新内部因素	环境决定论认知、环境适应能力	自由意志论认知、战略预测能力
企业战略更新特征	渐进式	重构式
战略决定结构机制	战略目标引领	战略失察倒逼
组织结构变革特征	破坏性	突破性
结构跟随战略机制	完善同阶段或者下阶段战略	具化长远战略目标的内涵
转型过程能力要求	战略支撑能力、组织学习能力	战略支撑能力、组织学习能力

第四节　战略更新与结构变革协同演化机制

1. 协同演化动因及机制

本书在企业战略转型的特定情境中，基于海尔和酷特智能的案例对企业战略更新及组织结构变革的动力来源及其机制进行分析，研究发现：企业领导者对环境与企业经营间关系的认知影响了其对环境变化和内部能力基础的注意力和意义建构，决定了企业战略更新和组织结构变革的选择。当企业领导者的认知倾向于"环境决定论"时，其倾向于协同经营环境变化所涌现出的战略机遇和内部的环境适应能力，因时而动进行渐进式战略更新，从而锁定与之匹配的破坏性组织结构变革，最终促成两者间的"引领－完善"协同演化模式。而当企业领导者的认知倾向"自由意志论"时，其相对强调人的主观能动性，其倾向于协同经营环境变化所带来的战略挑战和自身对业务发展的预测，瞄准未来进行重构式战略更新选择，进而锁定与之匹配的突破性组织结构变革，最终促成两者间的"倒逼－具化"协同演化模式。汇总企业战略更新与组织结构变革的动力机制如图9-6所示。

第九章　战略更新与结构变革协同演化

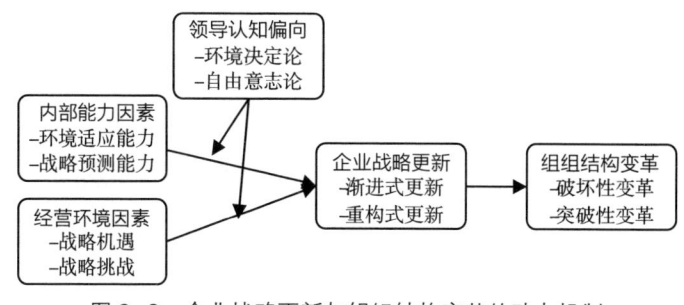

图 9-6　企业战略更新与组织结构变革的动力机制

企业战略与组织结构是一个相辅相成的整体，两者共同决定了企业的成败。当深入分析企业战略更新与组织结构变革的动因，对两者独立的研究都认为受到了内外部变化的共同作用。此外，已有研究对企业战略更新的具体动力来源的解释还存在争议：学习观认为企业战略更新的动力来源是对探索式和利用式学习的有效平衡（Crossan 和 Berdrow，2003），资源观则认为其动力来源是企业重配资源以谋求竞争优势的动态能力（Patton，1987）。

对此，海尔和酷特智能的实践表明，企业战略更新的动力来源于企业对外部环境因素和内部能力因素的协同，并且企业具体选择对何种内外部因素进行协同（战略机遇与环境适应能力还是战略挑战和战略预测能力）受企业领导者对环境与企业经营关系的认知所影响，而组织结构所遭受的内外部压力则通过对企业战略更新产生影响进而传递给组织结构。换言之，在企业战略转型情境中，企业战略更新和组织结构变革都是企业领导者认知对内部外环境因素的注意力聚焦与意义建构过程，并且内外部因素先作用于企业战略更新进而影响组织结构变革。

企业战略更新和组织结构变革究竟是企业的被动行为还是主动探索？人口生态学和制度理论的观点认为企业的本质是懒惰的，企业只在经营情境要求其转变时，其才会做出反应（Floyd and Lane，2000）；相反，共同进化论的观点则主张企业会主动采取行动影响行业发展从而建立自身在未来的竞争优势（Stienstra 等，2004）。对此，本书的发现表明，企业战略更新和组织变革都是企业在被动情境下的主动探索，是主被动统一的过程。企业战略更新和组织结构变革缘起于经营环境变化所引致的企业战略失效而进行的被动式响应，但战略更新和组织结构变革具体往什么方向走、怎么走则取决于企业领导者对环境与企业经营间关系的认知，这决定了企业决策将会注意哪些内外部因素，又将如何对这些因素的影响进行意义建构。这同时为宏观的经营环境变化如何与微观的组织及个体基础共同作用于企业战略更新和组织结构变革提供了跨层解释。

企业战略被指不仅可以被"制定"（formulated）出来，也可自动自发地"形成"（formed），战略决策可以是理性设计、上行下达的结果，也可以是随机发生、上下互动的结果（Mintzberg 等，2005）。像海尔这样面向经营环境变迁涌现的战略机遇，战略转型应时而变，其渐进式战略就是"形成"的。而像酷特智能这样基于战略洞察直接瞄准服装制造未来而设定长远模糊的战略目标，其重构式战略是"制定"出来的。

对此，研究还暗含了以下结论：尽管在执行渐进式战略更新模式的企业中，底层管理者和员工因其更贴近业务而可以更好地面对经营环境的变化，推动"形成性"战略的生成，但这种自下而上的战略仍依赖企业领导者在公司层的战略统筹，以获得在业务层和职能层的战略合力，从而获得企业资源的支持。这对管理研究和管理实践中甚嚣尘上的自发性战略的狂热泼了冷水，也印证了 Mintzberg 等（2005）关于"形成"性战略的观点，即其是随机发生、上下互动的结果。

2. 非对称协同演化模式

基于海尔和酷特智能战略更新与组织结构变革协同演化的实践分析，

第九章　战略更新与结构变革协同演化

本书发现，在企业战略转型情境中，企业战略更新与组织结构变革之间存在非对称的协同演化关系。具体而言，当企业确认选择渐进式战略更新模式时，其相对具有更清晰的阶段战略目标，对组织功能的要求就更明确，从而组织结构变革可以相对脱离上一阶段的组织结构基础，面向具体的功能要求进行破坏性创新。反过来，组织结构破坏性变革会生成经验教训或形成详细的子战略，完善下一阶段或同阶段企业战略的遗漏。持续变化的环境总是不断地涌现出新的战略机遇，企业战略更新须顺时而动，组织结构变革也须紧随其后，最终促成企业战略渐进式更新与组织结构破坏性变革的协同演化。当企业确认选择重构式战略更新模式时，重构式战略因其跨度大且目标不清晰、路径不明晰等造成战略失察，倒逼企业进行组织结构探索，但因为缺乏变革的详细目标，组织结构只能进行低水平的、持续增加式创新，不断具化重构式战略的内涵。在反复渐进的组织结构探索过程中，组织结构探索的结果不断具化重构式战略的内涵，但又不能一次性地达成重构式战略的宏大目标，最终促成企业战略重构式更新与组织结构突破性变革的协同演化。

企业战略更新与组织结构变革这种非对称的相互关系推动了两者的协同演化，促成了企业战略转型的成功，最终对企业成长产生了积极影响。汇总企业战略更新与组织结构变革的动力机制如图 9-7 所示。

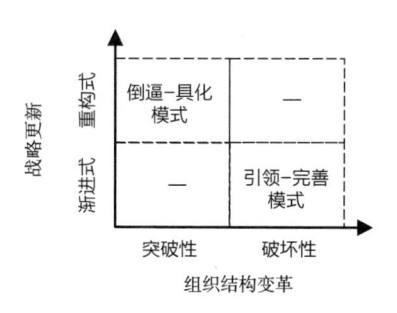

图 9-7　企业战略更新与组织结构变革的非对称协同演化模式

当企业依据确定的战略分析工具确认其战略后，其仍需要完成从战略制定到战略实施的跨越，其中最大的难点就是如何进行组织结构变革，建构能够有力支撑其战略目的的组织结构。因此，"战略决定结构，结构跟随战略"这一结论看似无懈可击，但企业实践实则无从入手，这是企业总会制定非常多的战略，但却无力执行的原因所在。对于企业战略与组织结构的复杂互动关系，尽管部分文献已经做了一些积极的探索，比如企业战略的落地要求实施具体业务活动进而影响部门和职务的设计，战略变化也可能会改变组织工作重心从而导致部门及相关职务的调整（Augier and Teece，2009），以及既定组织结构所确定的组织能力会反向牵制企业战略的实施等。同时，企业战略与组织结构匹配的研究也对此问题进行了必要的讨论（冯米等，2012；Bloodgood等，2015；Girod and Whittington，2017）。但企业战略转型要求更深刻的答案，这在转型已成企业要务的当下尤为紧迫。

企业战略更新与组织结构变革的非对称协同演化机制表明，一旦企业领导者对环境与企业经营间关系的认知得以确定，就会自动锁定企业之于经营环境与组织结构探索间的关系。即当企业战略更新偏向"环境决定论"，认为企业战略要紧随经营环境变化进行更新时，那么组织结构探索就会偏向"自由意志论"，在明确的阶段战略目标导向下，进行探索式学习以建构足够的战略支撑能力，并形成能够匹配阶段战略的组织结构形态，反之亦然。**在企业战略转型进程中，企业战略更新与组织结构的这种默契匹配关系有助于企业转移不确定性压力，以便与其能力优势和组织学习专长形成良好的对应，推动战略转型成功。**这也意味着，当同时将具有"环境决定论"与"自由意志论"认知属性的一对互动关系置于具体系统中，两者可能会在协同演化过程中形成非对称稳定关系，从而缓和两者在单一维度层面的争论。

3. 能力基础与学习机制

经营环境发生重大变化，企业战略转型需要对战略和组织结构进行调整以提高资源重配的能力，促进战略实现（杨华江，2002）。然而，企业战略转型往往面临组织惯性的挑战，以致企业无法对环境变化做出快速调整（Tripsas and Gavetti，2000），组织惯性反映了企业在转型过程中需要花费的努力程度（Besson and Rowe，2012）。本书指出，在企业战略转型过程中，其启动战略更新往往需要依赖一定的能力基础，同时在组织结构变革过程中还需侧重特定的学习机制以获得足够的战略支撑能力。就"引领－完善"模式而言，企业启动渐进式战略更新要求其有极强的环境适应能力，让企业能及时拥抱经营环境变迁涌现出的战略机遇，构建适切经营环境要求的阶段性战略，引领组织结构破坏性变革。在组织结构破坏性变革过程中，企业需要进行探索式和利用式学习以获得战略支撑能力，破坏性变革要求组织以建构新的战略支撑能力为主，故而企业需要更侧重探索式学习，忘记过去，不破不立，构建起能够达成阶段战略目标的全新组织结构，提高资源重配的效率。就"倒逼－具化"模式而言，企业启动重构式战略更新则要求其领导者有极强的战略预测能力，能够预见企业业务发展的未来，确保为企业转型设定正确的长远战略，倒逼组织结构突破性变革。在组织结构突破性变革过程中，企业同样需要进行探索式学习和利用式学习以获得战略支撑能力，突破性变革要求组织不断基于过往的变革经验进行持续的探索，故而企业需要更侧重利用式学习，不断探索，不断修正，逐步逼近能够支撑起重构式战略目标的组织结构。这表明，企业的环境适应能力和企业领导者的战略预测能力分别是启动渐进式和重构式战略更新的能力基础，探索式和利用式学习分别是企业在破坏性和突破性组织结构变革过程中建构战略支撑能力的机制。

在企业战略更新与组织结构变革协同演化的过程中，其对战略支撑能力的获取需要做好探索式学习和利用式学习之间的平衡。过度重视探索式学习可能会导致企业过分强调新知识的获取而疏于对新知识的运用，最终影响探索式学习对绩效的影响；而将注意力过分地集中在利用式学习则可能会阻碍组织对新知识的获取，这也将导致组织无法实现高绩效（James, 1991）。面向清晰的阶段战略目标，企业得以进行破坏性组织结构变革，其清晰地知道哪些战略支撑能力是缺失的，哪些是仅需要加强和优化的，因此需要花费更多精力进行探索式学习以建构起这些缺失的能力，而需要加强和优化的能力则通过利用式学习来完成。面向宏大模糊的战略目标，企业组织结构变革没有明确的标准，为了降低组织结构大幅调整带来的风险和成本，突破性组织结构创新尤为重要，因而需要花费更多的精力进行利用式学习，不断摸索和前进，最终趋近于支撑起重构式战略目标的组织结构形态。当持续变革的结果在某些维度上与最初的宏大目标间的差距变得足够清晰时，企业下一步的变革就有了明确的目标，从而可以采用探索式学习来建构该维度的战略支撑能力。

第十章

数字赋能企业会计创新

过去，我们对企业的期待是其赚了钱之后能够回馈社会，这是当前吵得火热的第三次分配的逻辑，即企业社会责任（corporate social responsibility，CSR）。今天，战略管理大师迈克·波特提出了企业共享价值（corporate shared value，CSV）的概念，强调企业在实现商业价值的同时必须要解决社会问题，而不是仅仅专注于商业价值而损害社会公众的利益。而现代营销学之父菲利普·科特勒则提出了品牌行动主义（brand activism），认为企业需要转向有态度、有责任、勇于表达价值观的品牌建设。这种自省自觉的倾向正在导向一种新的商业文明，为我们创新管理方法和工具提供了机遇。

生产力的发展引致生产关系的调整，企业经营不仅仅需要关注股东的回报，也要关注所有利益相关者的回报。数字技术的广泛运用为会计核算体系的变革提供了可能性，本章将基于这样一个认知——**任何投入都应核准为资本投资，而资本投资必须要产生投资回报**——来建构一套全新的初次分配方案，并为其会计核算提供必要的工具。这套数字赋能的会计核算体系有望颠覆并引领未来企业会计核算的新规范，不仅能够为波特及科特勒等的理念提供操作层面的支撑，**对于缩小当前国民收入的巨大差距以及实现共同富裕也具有重要意义。**

首先，本章介绍当前企业会计核算体系存在的一些弊病，表明转变这种会计核算体系的必要性；其次，本章将具体介绍一套新的核算及分配方案，并着力说明当前会计核算的各个项目在新核算体系中的核准转变；最后，本章将针对人力投入的核准提供该新会计核算体系的配套核准工具——人力资本投入看板。

第一节　现行企业会计核算体系存在不足

1. 将人力投入视为成本或者资源已经不能支撑企业走得更远

在现行会计核算体系中，人力投入最初被企业粗暴地视为成本，以致企业最开始都没有开设专门的人事部门。直至1910年，普利茅斯出版社成立人事部，专门负责人才的甄别，人事管理才开始作为企业一项专门的事务被独立出来。虽然人事管理的重要性开始被企业重视，但将人力投入视为一种资源，使人事管理让位于人力资源管理，则是半个世纪之后的事情了。1954年，德鲁克在其著作《管理的实践》中正式提出"人力资源"概念，人力资源开始被视为一种特殊的资源，其拥有其他所有资源没有的素质，即"协调能力、融合能力、判断能力和想象力"。

进入知识经济时代，人力资源成为企业经营的重要财富源泉之一，但是如何核算人力投入的成本和价值一直是会计理论中的重大缺失。与此同时，将人视为资源同样被指不当，原因在于将人视为资源否定了人的独立人格，包括其自主性和主动性。此外，因为企业属于法人，将雇员视为资源意味着法人与雇员存在不对等性，这加剧了雇佣期间企业与雇员之间的矛盾和冲突。伴随技术的进步、生产力的发展，人性渐渐觉醒，这要求企业经营对人力投入给予更多的关注。这意味着，单纯地将人力投入从成本提升到资源的观念已经不足以支撑企业再向前走得更远。

现在就是从收入分配的层面对人力投入予以更加公平公正的确认的时候。

2. 所有投入都参与了利润创造却没有平等地参与利润分享

当把目光从人力投入拓宽到所有要素的投入，现行企业会计核算体系就会出现一个极为不合理的地方——所有参与利润创造的投入没有平等地参与利润分成。

其原因之一是，投资方以全部资本投资额核准，计算投资回报率并进行利润分配。这显然不符合实际，也不符合逻辑。其一，在企业经营过程中，并不是会计核算期间所有的投资资本都一定会在会计核算期期初同时进入价值创造的过程，也不一定在会计核算期期末撤出。但不参与价值创造的这部分资金投资也参与了利润分成[1]，这明显不合理。其二，还存在全部的投资资金不满足会计核算期企业对资金需求的情况，此时，企业需要从银行（或者其他任何地方）借出必要的资金填补价值创造的资金缺口，而这部分借出资金的利息最后用财务费用的形式进行了冲销，即这部分由银行借出参与价值创造的资金，获得的投资回报是协议利息。虽然同样是资本投入，实际上银行借出的资金相较于股东投资的资金出现了投资回报率的差异。

另外一个原因是其他生产要素的投入回报核算方式不科学。其一，人力投入回报是以劳动报酬和奖励的形式予以核算。但把人力资本投入回报的一部分替换为奖励，其实是对人最大的歧视，这种核算既不能保证公平、也不能保证公正。其二，其他要素无论是以租赁还是购得的方式参与企业的价值创造，其投入回报最后都核准给了资金资本（租赁费用或购买资金），而这些要素的投入回报更应该依照使用价格和所有权归属核准其投资回报以及投资回报的归属。在此过程中，企业向股东借出资金资本支付了其他要素的租金和购买款，这与从银行借款是一个性质，这部分资金资本并不直接参与企业的价值创造。

---

[1] 投资机构往往以其实际投资量而非有效投资量核准其投资收益率。

第二节　基于以人为本的初次分配方案调整

1. 以风险共担消除资金资本对利润的优先分配权

资本家之所以长期把持企业经营利润的优先分配权是因为在绝大多数情况下，其独自承担了经营失败的风险。企业以工资的形式对人力资本投资进行了返还，以租金的形式对租赁的实物资本投资进行了返还，而资金资本的投资并不保证其能够获得返还，经营风险全部转移到了资金资本之上。当然也不乏企业会采取经营风险转移的行为，比如企业经营不善的情况下大举裁员，从而将这种风险转移给政府，政府通过向失业人员发放失业救助金或者为其再就业进行安置等行为承接了这部分风险。逻辑上，为了消除生产要素之间的剥削，所有生产要素需要共担经营风险，进而才能合理地换得对经营利润同等的分配权。

2. 以人为本的生产要素投资返还原则

不同于其他生产要素，人力资本是其所有者赖以生存的基础，所以出于人道主义，该生产要素需要被特殊对待。企业经营风险的共担需要建立在以人为本的基本原则之上，即当企业经营出现亏损时，其必须优先保障人力资本投入的返还。保障人力资本投资返还的一项重要前提工作是对人力资本投资进行真实、合理的核准（这将在第四节进行详细介绍），否则极易造成其他生产要素所有者的不满，从而存在撕裂生产要素之间协同关系的可能。除人力资本外的其他生产要素则可以按照资金资本同等的要求参与风险承担，进而换取同等的经营利润分配权。[1]

3. 以所有权唯一性核准投资回报的归属

为了能够充分体现公平正义，必须为利润分配的归属和多寡找到依据。就其归属而言，应当以生产要素所有权的唯一性核准投资回报的归属，这是对当前会计核算体系中所有生产要素都参与了经营利润的创造但却没有公平参与利润分享所做出的重要调整，尤其是对于租赁所获得的生产要素，其利润分享结果不应分配给资金资本，而是其所有者，包括人力资本和租赁设备等实物资本。就其分配多寡而言，需要对各项生产投入进行量化核准。用资本量的概念对其进行量化和核准是一种不错的选择，就像过去我们采用马力来核准劳动当量一样。通过将各项生产要素的投入量归集为一个资本总量，就可以轻松地计算出一个更加公平合理的投资回报率，进而得以向各个生产要素所有者分配更加公平合理的利润回报。

传统企业会计核算中的各项投入大概可以被归类为三类资本：实物资本（physical capital）、人力资本（human capital）、资金资本（monetary capital）。下面，我将介绍如何对企业会计核算的各项指标进行资本核准。为了方便说明，我按照实物资本、人力资本到资金资本的顺序进行阐释。[2]

---

[1] 这里可能会存在一定争议，有人可能会认为：人力资本投入不承担经营失败的后果，但却平等地参与经营利润的分享，这不合理。我认为资金资本所有者要从心理上去理解和接受"以人为本"，不是道德绑架资金资本所有者，而仅仅是出于人性的悲悯。

[2] 本章所提及的几个词的区别：实物资本指以实物作资的投入，对应受益主体为实物股东；人力资本指以劳动力作资的投入，对应受益主体是人力股东；资金资本则指以资金作资的投入，对应受益主体是资金股东；当企业以购买的形式获得实物，其所有权将被划归给企业资金股东，这部分实物属于资金资本，对应受益主体为资金股东；投资量是某种投资的数量；股东则指核算期内所有的实物股东、人力股东和资金股东。

第三节　所有要素投入统一核准为资本投资

1. 实物资本的资本量核准

实物资本投资分红的归属分两种情况：一种是实物资本通过租赁获得，其分红归属于出租方；另一种是实物资本通过购买获得，其分红归属于企业股东。

如果实物资本是租赁的，实物资本的投资额按照租金核算，并将应得利润分红归属给实物资本所有权者。[1] 通常情况下，实物资本租赁关系并不会延续太久，企业通常会在资产价值足够低时直接从出租者处购进这种实物资本，这种情况将对应到下一种实物资本获得方式的核算。即便租借关系会一直存续下去，只要租赁关系双方协商好租金即可。

其中，务必依据产权归属的唯一性计算分红的归属。即当实物资本是通过租赁获得时，企业垫付的资金资本不计入利润分红的资金总量，否则就会对同一实物资本投入进行了双重资本量计算（实物资本和资金资本）。[2] 资金资本垫付的租金以企业借出使用的名义而由资金投资者收取与银行同

---

[1] 实物资本在租赁时，租借双方为了计算方便通常会协定一个月均或年均租金，在计算实物资本投入的利润分红时，按照原来的协议租金进行计算并无大碍，更加精确的做法是协定一个递减的租金，租金的减少是实物资本参与价值创造的代价。在本书提供的会计核算方案中，实物资本所有者获得了利润分红，即实物资产折旧获得了应有的回报，这样更加公平合理。

[2] 这种双重计算一是不合理，二是激发了资金投入的股东与企业合谋的动机，进而更多地采取租赁而不是购买的方式来获得实物资本，进而投资总额的增加就会挤压其他单重计算的生产要素的投入回报（因为分母变大了）。

等利率的孳息，这部分孳息由当期的经营收益冲抵。[1]

如果实物资本是通过购买获得，那么其对应利润分红给核算期内的资金股东。当只是部分资金资本参与了核算期内的价值创造（其余的闲置在公司账户中，或者公司以投资理财的方式对其进行了处置），那么就以核算期所使用的实际资金资本计入总的资本量计算分红比例和分红收益，最后分红收益再按照实际使用资金资本占总体资金资本的比例核准进而分配给各个资金股东。以购买形式获得实物资本的典型例子是企业采购行为，这会在资金资本的资本量核算部分予以详细说明。另外，对所购得实物资产进行折旧处理并不改变资金资本的投入量（仍旧以购入时点价格为准），折旧只是将实物资本在企业内再次换算成资金资本，其改变的是核算期企业经营利润的计算（经营利润减去折旧摊销等于净利润），不改变其利润分红的归属。

故而，各个股东实际获得的回报包含了**孳息收入**（闲置资金的孳息、租赁实物资本所出借资金的孳息、购买实物资本出现闲置所产生的孳息）、**企业代为投资理财的回报**（企业对所获投资和上期结余的资金的处置回报，这并不一定发生，因为很多企业总是面临现金流短缺而不是盈余的情况）[2]、**实际投资回报**（企业经营产生的利润分红）三个部分。

2. 人力资本的资本量核准

人力资本的核算由两个部分组成：一部分为企业所在国家、地区的最低工资水平，另一部分是基于不同工作岗位对人力资本的工作知识和技能

---

[1] 所以资金资本的使用会产生两种形式的回报，一是投资的利润分红，二是出借产生的孳息。这里企业以租赁的形式获得实物资本有损害资金投入股东利益的风险，但是这可以在投资的协议中进行必要规定，同时也可以将这种租赁的决策归入股东会决议的范畴而得以很好地监督。
[2] 在该核算方案下，投资者需要更加警惕，要辨明融资企业对资金的使用是为企业业务发展，而不是欺骗投资者获得资金去进行二次投资，除非投资者信任并允许融资企业这么做，否则融资企业与托管基金就没有太大差别。

投入要求、工作时长等影响因素带来的投资加成。基于工作时长的加成部分可以按照该国、该地区法定工作时长与最低人力资本投资回报的关系予以确认,但是因为不同的人力资本投资附带有不同水平的知识和技能,所以这个加成并不直接计入人力资本投资回报的函数,而是在进一步加成人力资本投资的知识和技能效应之后,才能计入人力资本投资回报的函数。该公式表达如下:

$$R=R_1+\alpha \times R_1^m \times (t/T) + \cdots + \beta \times R_n \times (t/T)$$

公式中,R代表特定岗位的人力资本投资量;R_1代表最低人力资本投资回报;($\alpha \times R_1^m$)代表人力资本投资中的知识和技能的单位时间投资效应;T是该国或该地区核算期内的法定工作时长,单位可按当前习惯取为小时;t代表人力资本投入的实际时长,为了合理化,企业与人力资本所有者的合约中可以依据t的区段对R_1分段兑现[1];R_n作为预留的空间,让企业可以根据实际情况对人力资本投资进行恰当的调整,其核算可能依赖于R_1,也可能不依赖于R_1;α、β是经验参数,需要企业根据实际情况,对不同工作岗位确认不同具体参数;m作为R_1的指数,其需要根据岗位的知识和技能要求进行必要调整,即人力资本投资的知识和技能效应与最低人力资本投资回报不成线性关系[2]。

因为当期人力资本的投入已经在当期期末进行返还(就是目前的工资制度),故而,当分红核算周期长于人力资本投资返还周期时(分红核算周期长于工资发放周期),参与最终利润分红的人力资本投资总量的计

---

[1] 节假日与平时工作日对应的R_1不一样,同时我不希望当人力资本投资方有投资的能力(能劳动)却选择不投资,只是对于没有人力资本投资能力和条件的个人,出于人道主义,可以依靠政府的转移支付来获得收入。
[2] 关于人力资本投资的知识和技能效应核算,我将在下一节中介绍一套适用的核算供给工具,m值的确认在新创企业中可以参照市场情况而定,而在成熟企业的改革中可以参照过往的经验数据。

算不适用人力资本投资量的累加,即上期人力资本投资不累计计入下期人力资本投入量。我们推荐的是企业设定经营利润分红核算周期与人力资本投资返还周期一致,比如一年进行一次或者一个月进行一次人力资本投资返还和分红,那么人力资本投资的利润分红直接按照其人力资本投资返还(工资)占核算期所有资本投入的比例进行核准。但是这样的操作在现实中会遇到很多困难,因为很多项目经营成果并不能在一个很短的周期内完成,同时持人力资本投资的个人(工人)需要一个相对合理的投资返还周期。[1] 故此,企业在实际操作上或许可以采用古老的平均法为人力资本投资者核准其在利润分红周期内的人力资本投资量(仅当利润分红周期大于人力资本投资返还周期时)。

3. 资金资本的资本量核准

企业对资金资本的使用一般通过租赁和购买转换成实物资本和人力资本参与到企业经营活动中。

资金资本可能被分批使用,比如部分购进的物资长时间存放在仓库而没有参与到当期的企业经营活动中,这部分闲置的实物资本不参与利润分红,而同样是以企业借出的名义由资金股东向企业收取银行同期利率的孳息,孳息同样由企业经营结果冲抵。[2] 这样做的一个好处是资金股东会逼迫企业努力去精准预测其生产需要来做出实物资本的购买决策,而不是纯粹地以库存安全为由大量购入实物资产,从而过分占用资金。企业本身也有动力去这么做,否则它将无法持续地获得资金股东的信任从而遭遇进一步的融资困难或者股东撤资风险。

---

[1] 很多人力资本投资者有很多的生活账单需要依赖其投资返还及时处理,按月返还是当下的主流,当然我也看到有不少企业实行周薪制、旬薪制,这是很不错的尝试,我希望这套方法能够为这些尝试提供更加有力的方法依据。
[2] 这里要注意,仓库也是一种实物资本,其也分自建和租赁,其核算仍适用实物资本的核算方法。

银行投资资金以一个相对较低的利率计算其投资回报，这保障了其投资资金的安全；而股东投资则因其愿意承担更多风险，会根据企业的实际经营结果核算其投资回报，以至于其有时候能获得高于或低于银行同期利率的投资回报。但如果按照后续我们推行的核准方式，对这两种来源的资本都应该以企业实际经营结果核算其投资回报，那么银行的贷款业务就会逐步被消除，获得与自由市场投资机构和个人共同的身份属性。然而在实际操作上，我们可能仍旧需要区别对待这两种来源的资金的回报，因为该决策影响深远（多个主体、多个层面），所以需要更多论证（其利弊问题）。相较于此，股东投资的资金与其他生产要素统一以企业经营实际结果来核准投资回报就相对容易得多，因为决策影响的单元是单个企业，更好操作。

资金资本的投资以会计核算期实际使用到的资金作为核算依据，闲置资金不参与利润分成，企业出借对实物资本和人力资本进行垫付的资金不参与利润分红。按照目前的惯例，会计核算期可以按月、季度、年执行，但如果我们愿意精确一点，可以以价值创造单元（一个订单从开始到完成、一个项目从招标到验收完毕）为核算依据。

资金资本实际使用量的计算，是扣除实物资本、人力资本投资返还外的所有开支。[1]

所以，最终企业经营的利润分红比例 = 营收总额 – 资金借贷孳息 / 资本投资总量。

4. 内部精细化会计核算单元

目前，我们基本对如何将所有生产投入要素核准为资本量进行了详细

---

[1] 因为分红周期经常长于人力资本投资返还周期，故而资金资本对人力资本投资返还进行了垫付，但因其是被企业借出支付人力资本的，而没有参与价值创造，这部分资金资本要向企业收取孳息，而不参与经营利润分红，而这部分孳息也由企业经营结果按照银行同期利率冲抵。

的介绍,但是这套核准方式会存在几点不足之处,我们对这些不足进行进一步分析,然后提供有针对性的建议。

其一,这套方案在实践操作过程中,可能会附带有大量核准计算工作[1],但并不是每个企业都具备这种核准计算能力,尤其是一些中小企业,这不仅仅是我们所提的这套核准方案的不足,即便是现行的会计核算体系和分配方案,这些中小企业也没办法很好地应对。其二,当企业采用这套核准方式之后,还极有可能出现这样一个结果:人力资本投资者的投资获得了更加公正、公平的核准,但是不同行业的属性(劳动力密集型 vs 资金密集型)可能会导致人力资本投资的返还和分红总额出现巨大差异。比如在资金密集型企业中,人力资本的投资量占总投资量比例过小(由于资金资本的数量巨大),导致最后获得的分红比现下企业给他们发放的奖金还少。

为了回应以上两个挑战,我们建议大型企业在内部实行这样的核算方式时,根据内部价值创造单元独立核算的方式对经营的投入产出予以确认[2]。首先,显然实物资本和人力资本都只参加了企业该单元/环节的价值创造,而没有对其他单元/环节的价值创造产生直接贡献,这样更加合理。其次,虽然在具体核准过程中,企业通常是由同一个部门(比如运营部门)对多个独立核算单元的经营实效进行核准,但更精细化的独立核算单元区分直接降低了从整个企业层面进行核准的繁杂程度,而只需最后在企业层面进行必要汇总和报备,这为企业实操提供了更好的指导。最后,精细化内部独立核算单元还会提高人力资本投资量在其所属单元总投资量中的占比准确性,尽管对应核算单元的核准经营利润也会减小,但是从逻辑上推

---

1 我认为这套方案其实比现行的企业会计核算体系更为简单。
2 本书前述已对阿米巴经营系统进行了一些相关的介绍,其中对内部市场化的独立核算单元划分进行了详细指导,感兴趣的读者朋友尤其是企业实践者可以参照稻盛先生的原著进行学习。

理，两者的降幅并不一致，从而有可能会为人力资本投资的所有者权益提供更好的保障。[1]

第四节 企业绩效管理体系与人力资本投资看板

人力资本投资看板是我2018年5月到7月份受导师委托到北京SY公司进行"人力资源管理和绩效考核体系提升"咨询时提出来的一套绩效工具，原初称为绩效看板，旨在绩效考核层面落实SY公司的阿米巴经营系统。尽管SY公司由于各种不可知的原因最终没有将该工具付诸实践，但是深入地对绩效看板进行思考，我认为其仍有潜力成为一个先进的核算工具。在这里，我将之发展为人力资本投资的核算工具，是希望其能够服务于本章提出来的会计核算规范。故人力资本投资看板的使用基本是依照绩效考核的逻辑设计的，其目的是精确地核准人力资本投资。

在企业内部进行人力资本投资看板的运用要求先对企业的战略目标进行详细拆解和对应。故而对企业而言，可以称之为绩效；但对个人而言，则称之为人力资本投资。在进入人力资本投资看板的介绍之前，有必要对绩效管理流程进行必要的讲解，企业绩效要求的人力支撑，就是个人人力资本投资的目标。

---

[1] 这里因为缺乏实际数据，我没有办法说明，精细化独立核算单元到底是对资金资本投入更加有利还是对人力资本投入更加有利（实物资本因其原本就没有分红，故而其一定是收益了）。同时，我也无意激起双方的对立，这是一套更加公平、公正的会计核算方案。我相信只要企业对实物投资的租金和人力资本的投资返还进行恰当的协议，这个问题将不会影响这套核算方法的有效性。

1. 战略目标的拆解

战略目标的拆解要面向下一级的人力资本投资需求，即工作性质，进行战略目标的对等转换，使之可测量。层级管理者要将自己接到的任务进行进一步的拆解，落实到自己所管辖的组织和个体，使责任明确。为了匹配组织和个体的工作特性，使之利于最终的客观考核，需要对战略目标进行对等转换。例如，大区年度目标是建设成立 6 个独立的盈利阿米巴单元，那么大区就可以将其对等转化为具体的产品、营销、服务和营运目标等。

确保"任务总—分"与"结果分—总"的一致，各级管理者需要足够重视和高度协同。企业战略是一个整体，在实践中，往往会出现分任务都能很好地达成，但公司总体战略目标却没有达成，其中很大的原因是任务拆解不科学、不可测量，使得"结果分—总"与最终战略目标发生了偏差。因此，要各级领导者在进行任务拆解以设计下级目标时必须有战略领导介入，战略领导提供专业辅导、设定关键任务指标（key index），确保目标下达的准确性。

另外，对整体的研究离不开对部分的分析，对部分的分析同样离不开对整体的把握。企业经营战略目标是整体性的概念和目标，其达成并不仅仅是各分子目标的简单相加（有可能出现 1+1<2 的情况），其包含了分子目标之间的协同互动关系。因此，在各个纵向分子目标设计足够科学可测的前提之下，战略目标的实施过程依赖于营运管理部门的协调，推动横向部门各个子目标执行主体之间建立工作协作关系，确保这些执行主体之间不会陷入自己顾自己的利益，而放弃公司的总体利益，确保战略分目标与总目标间实现"1+1=2"甚至是"1+1>2"。此处选择一个案例企业的经营战略目标分解作为示例，具体如图 10-1。在此需要指出的是，即便在没有层级的组织体系中，经营目标也需要面向横向功能部门进行拆解。

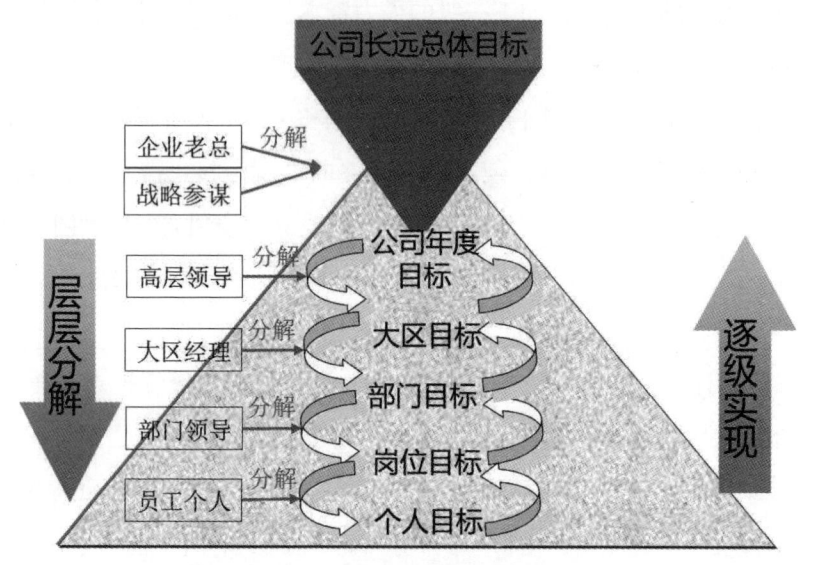

图 10-1　公司目标经营战略分解示例

2. 绩效目标对准经营战略

绩效管理体系是企业发展战略落实的支撑基础，其设计、实施、优化等全流程过程必须围绕企业发展战略展开，具体见图 10-2。

（1）**协同企业使命和企业愿景确定公司的发展战略**。公司的发展战略是公司使命和公司愿景的具体规划，一般包括产品战略、营销战略、服务战略和营运战略等。

（2）**根据公司经营方向设定绩效目标**。公司在产品、营销、服务、营运方面的具体战略规划明确了公司的经营方向。基于各方向的经营战略设定长期和短期的绩效目标。

（3）**确认绩效障碍**。公司的绩效目标在实现过程中会遭遇来自技术、人员和公司流程等多方面的限制和阻碍，因此在绩效管理的前置期就需要对这些障碍进行识别。

（4）**克服绩效障碍**。启动实现绩效标准的行动，使绩效目标的障碍各个击破。

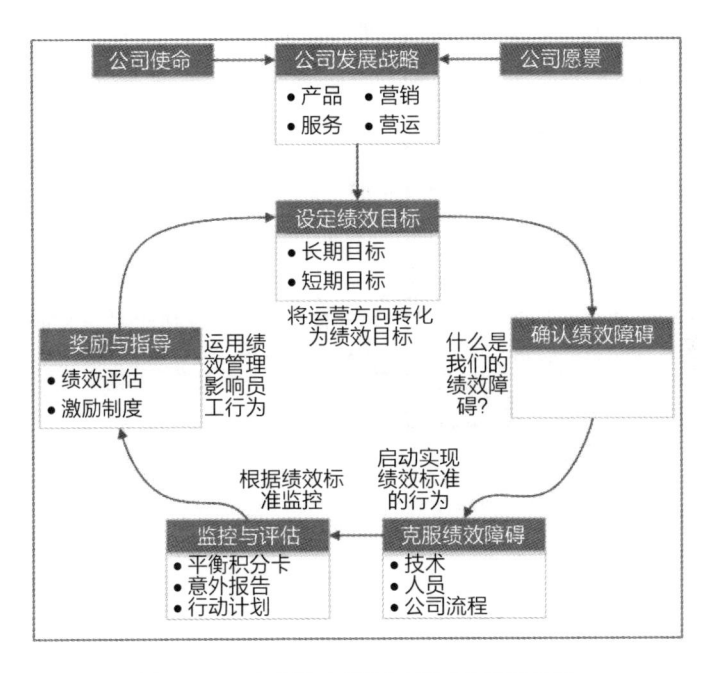

图 10-2　人力资本投资目标对准经营战略

（5）**绩效行动监控与评估**。根据绩效标准对绩效达成行动进行监控，采用平衡积分卡、意外报告、行动计划等方法和手段对行动过程进行客观记录，便于事后优化。

（6）**绩效奖励与指导**。根据绩效标准监控的记录数据评估绩效，参照激励制度实施奖励，指导下一阶段的工作改进。绩效考核方式的衡量是其一，其二也是最重要的，"如何就绩效衡量结果进行对等的奖励"，这是困难所在。对此，我们将在下一节中进行必要的探讨。

为了确保人力资本投资考核的公平性，还有必要为人力资本投资的考核设计一套科学的保障措施，如图 10-3 所示。

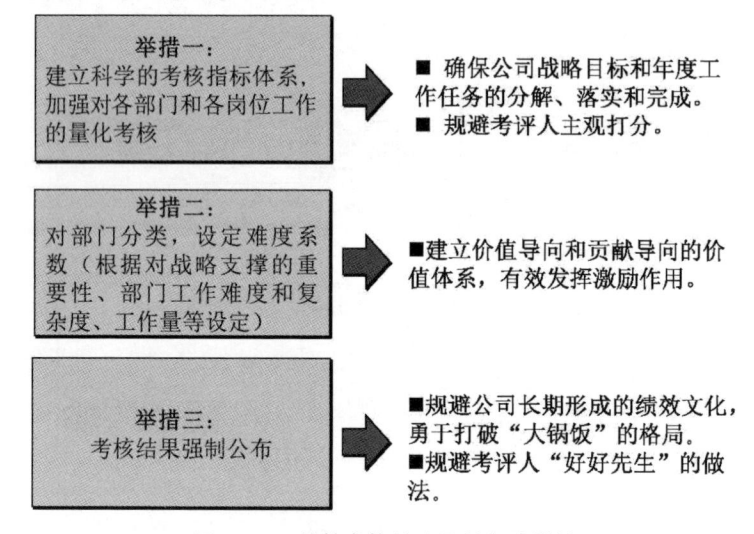

```
举措一：                ■ 确保公司战略目标和年度工
建立科学的考核指标体系，   作任务的分解、落实和完成。
加强对各部门和各岗位工作   ■ 规避考评人主观打分。
的量化考核

举措二：                ■ 建立价值导向和贡献导向的价
对部门分类，设定难度系     值体系，有效发挥激励作用。
数（根据对战略支撑的重
要性、部门工作难度和复
杂度、工作量等设定）

举措三：                ■ 规避公司长期形成的绩效文化，
考核结果强制公布         勇于打破"大锅饭"的格局。
                       ■ 规避考评人"好好先生"的做
                       法。
```

图 10-3　绩效考核的公平性保障措施

（1）**建立科学的考核指标体系，加强对各部门和各岗位工作的量化考核**。各级领导、营运管理部相互协同，共同努力建立科学的考核指标体系，加强量化考核。

（2）**对部门分类，设定难度系数**。不同部门的功能不同、工作投入程度不同，营运管理部应该在公司高层的协助下，对各个部门设定尽可能客观的绩效系数，为绩效结果的跨部门比较、绩效成果的分配提供依据，解决公司考核的拉不开差距、与实际绩效脱节、贡献导向价值导向和激励不足的问题。

（3）**考核结果强制公布**。只要绩效考核足够公平，公司就可以对绩效考核结果进行公布（部门内部公布），公布绩效考核结果可以刺激内部竞争，帮助公司更好地"赛马"，在实践中为公司挑选出优秀的员工，让其胜任更有挑战的工作，与公司一同创造更多价值。

3. 绩效管理流程

在解决如何对战略目标拆解和绩效目标如何对准经营战略的问题之后，我们结合 SY 公司的实际情况来讨论一套完整的绩效管理流程，详见图 10-4。

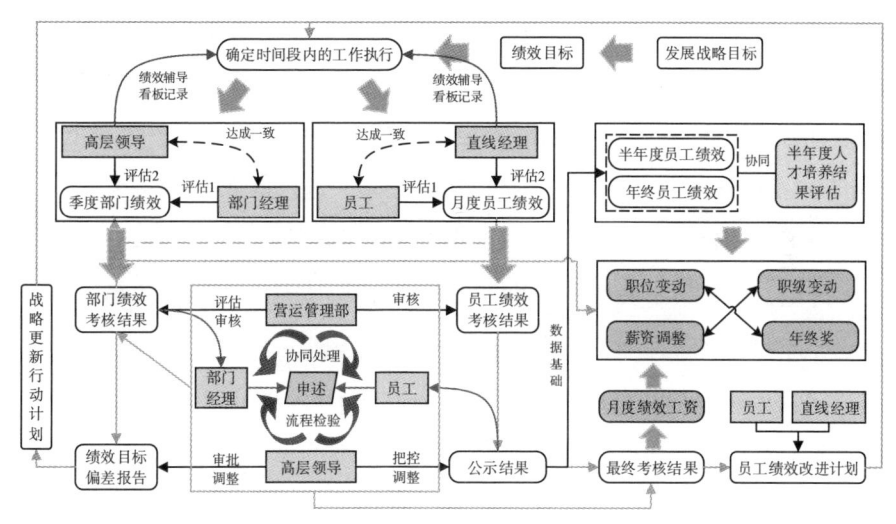

图 10-4 一个完整的绩效管理流程示例

（1）**战略目标对等转化为绩效目标**。大区经理根据战略目标设定各个部门的绩效目标；同时，营运管理部协同公司的高层领导、各个部门经理完成对应的绩效考核维度、表单设计。

（2）**朝着绩效目标开展工作**。各部门、各岗位员工根据既定的绩效目标开展工作，每天都与公司站在一起，一起为梦想奋斗，富有激情地投入工作，进行价值创造。考核期内的工作行为（颗粒化）会得到上级绩效考核辅导，同时每个绩效行为也会被考核上级所记录（这里建议考核人根据实际需要，结合考核的 KPI 设计人力资源投资看板，让考核对象的绩效增益行为都能被实时记录在案），为最终期末绩效考核提供坚实的数据支持。

（3）**启动绩效考核**。在确定的时间节点（月末），公司启动对各部门、各员工在考核期的绩效目标达成情况进行考核，员工和直线经理一同完成员工绩效的考核，部门经理和高层领导（部门经理上一级领导）一同完成部门绩效的考核。在此过程中，营运管理部都要扮演协调者、沟通者的角色。

（4）**绩效考核结果公示和申述**。绩效考核结束，要将考核的最终结果进行公示（如果公司的考核足够公平公正，这就可以实现，否则只能一对一地进行反馈），受考核对象对考核结果持不同意见的可跨一级向上申述（员工向营运管理部提出申述，部门向高层领导进行反馈）。

（5）**申述处理**。受理主体与考核主体就考核的结果和内容进行重新沟通和讨论，确定最终公平公正的绩效考核结果（员工申述的，由员工本身、直线经理和营运管理部三者协调处理；部门（经理）申述的，由部门（经理）本身、营运管理部和高层领导三者协调处理），最终呈现修正的绩效考核结果和流程检验报告，流程检验报告将用于持续改善绩效考核流程的科学性、合理性。

（6）**绩效考核结果运用**。员工绩效考核结果用于月度员工绩效工资的发放，同时，由部门经理协助员工根据其自身的绩效考核结果拟定其绩效改进计划，帮员工在下一考核期提高绩效目标达成的能力。此外，员工的绩效考核结果还将作为其年终绩效结果的考量依据，职位晋升、培训方案设计等的参考。

部门季度绩效考核结果一方面作为部门的年终绩效考核的数据基础，最终成为部门全体员工职位参与公司资源分配的依据（决定部门拿公司蛋糕的比例）；另一方面用于评估部门绩效与绩效目标之间的差距，形成绩效目标偏差报告，用以指导部门往后季度的战略计划调整，保障全年的战略目标能够达成。

4. 人力资本投资看板：人力资本投资的核算工具

基于科学、标准、量化的绩效考核表单，结合 SY 公司的绩效管理现有条件（无法实现软件系统的实时绩效行为记录，但员工有周报制度），我推荐 SY 公司各个部门开创自己的人力资本投资看板，实时记录部门内部的个人人力资本投资，公开、透明，并最终将其作为绩效考核重点依据。

人力资本投资看板会记录部门每周、每月 KPI 的执行情况，记录部门的每个员工每周、每月对部门业绩的贡献值，并最终成为其绩效成绩的依据，推动企业员工月度绩效、职级升迁、薪资调整等的公平公正性。如果部门员工太多，可以将部门全体成员按节点任务分为多个小组进行记录。

人力资本投资看板会帮助部门经理规避现存依据记忆和印象给部门员工打分的不足。同时，因为人力资本投资看板的公开性，其会推动部门绩效考核表单（尤其是指标）的不断优化，最终形成公平公正的绩效考核文化。

人力资本投资看板的 KPI 设计需要根据部门的阶段任务进行调整，部门员工也会存在更新情况，因此可以将其设计为可替换的卡槽。整个人力资源投资看板可以放在部门的办公墙上，让员工实时了解自己的工作贡献情况，让员工更有冲击感，也更有动力。另外，为了节约人力资本投资看板的成本，单个考核周期结束后，记录的内容被誊抄后可以被擦拭。

为了实现绩效的合理颗粒化，部门领导可以倡导部门员工同样采用人力资本投资看板的模式实时记录自己的绩效贡献，帮助员工更好地掌控自己的工作贡献，推动其周报工作的准确性、客观性，帮助部门经理更客观地评估其在本周的绩效贡献。

这里需要强调的是，我们所讲的绩效颗粒化并不是要将绩效细到不能再分的程度，而是以有利于准确考核为标准。颗粒化的绩效考核有助于形成高透明度的绩效奖励，激发个体工作动力，但并不是要将工作贡献分解得过于细碎，过分颗粒化的必要性和意义并不大，并且过于细碎的考核点由于与其他点的关联过多而测不准，即使有计算机的辅助，最终也可能会导致绩效颗粒化考核的失败。这里提供人力资本投资看板的一个简单示例如表10-1所示（仅供参考）。

第十章 数字赋能企业会计创新

表10-1 案例企业营运管理部人力资本投资看板设计示例

营运管理部	第一周				第二周				第三周				第四周				总计
贡献值	KPI 1	KPI 2	KPI 3	……	KPI 1	KPI 2	KPI 3	……	KPI 1	KPI 2	KPI 3	……	KPI 1	KPI 2	KPI 3	……	
张三																	
李四																	
王五																	
……																	
总计																	

说明：
1. KPI 的设计要满足 key 的要求，用尽可能少的 KPI 值将部门（团队）的战略任务目标都概述清楚。
2. 贡献值需要部门经理将总体任务量划归到具体人数任务难度（考虑总体人数和工作难度），然后根据员工周报评估其完成量占总任务量的比重进行打分，计算公式为：员工月度实际贡献绩效 = $\sum$ 周贡献值 和 × 岗位贡献比例，其中岗位贡献比例由部门经理根据员工工作量、难度系数等权衡，贡献比例设定完毕后需要与大区经理进行汇报审核（按岗设定，一年一更新就可以）。
3. KPI 绩效的纵向总和最终作为部门绩效评估的依据。
4. 绩效考核经理需要严格、客观地进行贡献值评估，否则将会增加其与被考核员工的交流时间，如果充当"好好先生"，那么年终绩效考核结果对标部门目标明显高于部门实际任务达成率的，则部门年终绩效核算中绩效系数将会被高层领导下调，同时部门经理需要被高层绩效管理约谈（能否胜任）。部门年终绩效核算公式为：月终贡献绩效 = $\sum$ 月KPI 贡献值 × 调整系数。部门领导可以自设定本部门的绩效反馈时间点（只在确定时间点接受绩效质疑问处理）。
5. 为了减少部门经理绩效管理工作任务，部门经理绩效结果如不标部门管理框架（能否胜任），部门领导可以自设定本部门的绩效反馈时间点（只在确定时间点接受绩效质疑问处理），其他时间不予处理。

注：人力投入的资本化核准仍旧选择在原有的绩效考核框架中进行的原因在于，这种投入与其他任何投入一样必然地委服务于企业战略的实施，也就是价值创造的过程。在充分调入人的幸福、快乐等为变量的当下或者未来，企业经营算也只能通过对企业战略设计和选择的过程进行改良，进而影响整个生产制造系统，而不是单纯地从某个新鲜的视角未评估人力投入，否则就有这种评估实际的风险，进而使得这种评估脱离企业管理的框架，没有了意义。

第十一章

数字赋能企业协同创新

20世纪90年代之前，创新创业被描述为个体的独立活动，创新的想法和产品被认为是企业家个人或企业内部某个独立单元的产物（Ketchen等，2007；Fppinger and Ulrich，2015）。企业创新环境的不确定性增加，创新资源高度分散，并且市场时刻处于变化中，组织边界日益开放化并变得充满活力，单个企业的创新能力日益受到挑战（Yoon，2008；Arza and Lopez，2011）。企业跨越组织边界识别新的机会，接入并整合外部创意、知识和技能，转移创新成本和风险的协同创新成为企业一种重要的创新方式（Ketchen等，2007；Davis and Eisenhardt，2011）。

数字技术的发展具有三个典型的物质基础特性：基于二进制的数据同质化、基于冯·诺依曼计算架构的可重复编程性、基于数字创新依赖数字技术的自身指称性（self-referentiality）（Yoo等，2010）。这三种物质基础特性奠定了数字基础件（artifact）的产生和快速发展，通过标准化接口，高度可重复编程数字基础件的重组（或者混搭"mash-ups"）推动了数字技术的衍生（Arthur，2009）。学者们普遍认同数字技术是包含信息（information）、计算（computing）、沟通（communication）和连接（connectivity）技术的组合（Bharawaj等，2013）。

数字技术的迅猛发展和广泛使用深刻影响并改变了企业协同创新，但其中的机制究竟为何？本章主要聚焦于对此问题的探讨，结合文献梳理，从协同创新资源搜寻、协同创新组织变化及其治理、协同过程创新、协同价值共创与捕获四个方面阐释。

第一节 数字赋能企业协同创新资源搜寻

1. 数字技术嵌入拓展协同创新资源的来源

数字技术嵌入通过提高企业的资源搜寻能力,拓展了企业协同创新的要素来源。资源依赖理论表明,协同创新往往在相互依赖的合作伙伴间形成,企业必须有接入互补性资源的能力(Casciaro and Piskorski, 2005; Katila 等,2008)。传统的企业协同创新主要发生在供应链体系伙伴间(Swink 等,2006),并具有明显的地域限制,数字技术嵌入提高了企业协同创新更加深入和广泛的资源来源。一方面,深度上的资源搜寻让企业可以高效地避开无用和没有价值的创新,因为创新过程总是倾向于使用熟悉的资源,而过度的资源搜寻最终可能会导致创新收益递减(Dosi, 1982; Fleming, 2001; Katila and Ahuja, 2002);另一方面,广度上的资源搜寻可以帮助企业高效地引入新的要素而催生创新,当协同创新包含了新的要素且使用少量原有要素甚至不用时,广度上的资源搜寻对企业协同创新绩效的提升会更加明显(Rosenkopf and Nerkar, 2001; Ahujia and Katila, 2004),如跨技术种类和组织边界的资源搜寻能够产生重大的创新技术(Rosenkopf and Nerkar, 2001)。

数字技术提高协同创新参与者的参与能力,提高协同参与者的参与热情。数字技术嵌入激活了协同创新参与者的相关能力,如相互学习、高频率的交互、建立信任关系(先前的合作经历)等(Hamel, 1991; Arino and de la Torre, 1998),通过提高协同创新参与效率和降低协同创新成本,协同创新参与者可以更广泛、更频繁、更快速地与企业进行交互（Brodie 等，2013；Sawhney 等，2005），基于技术信任更加积极地将自身创意、知识、技能和资源贡献到协同创新中，从而提高了企业协同创新的绩效。

2. 数字技术嵌入改变协同创新资源的关系

数字技术嵌入为企业协同创新提供新的协同基础设施。数字技术嵌入（如通信技术和信息系统）为企业协同创新提供了新的协同基础设施，让企业协同创新可以超越地理隔离的障碍，从而可以进行线上协同创新（Gummerus 等，2012），如开源社区的协同创新等（Stanko，2016）。在基于数字技术的虚拟协同创新环境中，企业可以与消费者高频率、跨越地理边界地实时交互，提高了消费者参与的速度和持久性（Quinton and Harridge-march，2010）。企业可以与消费者持续地对话，并且获得和理解那些基于共同兴趣的消费者群体所共享的社会知识，从而提高其协同创新的潜力（Sawhney，2005）。

数字技术嵌入为企业协同创新提供了新的协同方式。在数据价值创造过程中，数字技术嵌入为企业协同创新提供了新的协同方式，如基于数字技术的模块组合式协同创新（孙新波和苏钟海，2018；肖静华等，2018）。当考虑到企业只能吸收和利用与自身资源具有相似性和关联性的知识（Fleming，2001；Sampson，2007），数字技术所提供的新的协同方式提高了企业对外部知识（包括技术多样性和知识复杂度）的理解能力（Salvatore 等，2017）。对外部知识理解能力的提升提高了企业对异质性资源的吸收和利用能力，使得企业相对可以整合更多异质性的创新资源以提高其创新潜力（Nooteboom 等，2007；Orlando 等，2017），帮助企业克服创新的路径依赖问题（Rodenkopf and Nerkar，2001），缓解企业创新基于异质性资源

"有潜力没能力"的困境[1]，最终提高企业协同创新资源的转化效率。

数字技术嵌入改变了企业协同创新过程中的竞合关系。进行协同伙伴搜寻并建立联盟是提高协同组织学习和运营效率的先决条件，但是信任一直是协同创新的核心（Chen等，2009；Gulati and Nickerson，2008）。就供应链协同网络体系而言，其很难被竞争对手复制的原因就在于信任，并不是每个企业都有能力与供应链合作伙伴建立足够信任从而获得协同优势。因此，数字技术嵌入提高了企业合作伙伴的搜寻范围，企业可以超越供应链关系在更大范围内选取自己的合作伙伴，并且使基于企业单体的竞争转向基于终端产品的供应网络竞争（Gomes，1994；Rie and Hoppe，2001）。

第二节　数字赋能企业协同组织创新

1. 数字技术嵌入改变企业协同创新组织结构

数字技术部分替代了基于稳定结构的创新要素接入机制，提高了企业对抗不确定性的能力。部分研究强调了企业在动态协同创新过程中保持稳定结构的重要性（Bechky，2006；Davis等，2009），因为足够稳定能够让参与者感到舒适，如稳定的跨边经纪人（连接原本不相关主体的个体）能够促进创新（Obstfeld，2005）。但在变化的企业协同创新情境中，要保持企业稳定的结构并不容易，而数字技术一定程度上替代了资源接入对稳定结构的依赖，如运用具体的数字技术（如平台）代替跨边经纪人连接了协

---

[1] 联盟研究的结论表明联盟技术复杂性与企业创新绩效呈现倒U形关系，在协同创新过程中，企业或许有能力将连接不同资源的参与者集聚到一起，但不一定有能力整合这些异质性的资源进行创新创造，我将这种现象概括为"有潜力没能力"。

同创新参与者（Salvatore 等，2017；Wang 等，2017）。基于数字技术的新制度安排在一定程度上缓解了企业协同创新的不确定性压力，影响了协同创新的价值产出（Kahlli and Melville，2019）。

数字技术提供了标准化的协同参与方式，缓解了协同创新主体间既成惯例的冲突。进行协同创新的一大挑战在于，参与者之间有自己既成的组织结构和创新流程，以致在协同过程中可能会存在冲突。如不同的 RandD 决策规则、不同的产品目标市场、不同专家个体（Clark and Fujimoto，1991；Brown and Eisenhardt，1997）。解决这些不一致的冲突要求对参与方组织的各个方面都进行重组，同时又不会因为过多的结构调整而对创新形成限制（Davis 等，2009）。标准化的数字技术工具、方法、规范、平台等部分缓解了协同创新参与者之间的惯例冲突，使得参与者可以突破不同组织惯例的障碍进行关系资本整合，促进协同创新。

2. 数字技术嵌入影响企业协同网络治理

研究者认为协同创新绩效的影响因素不仅仅来自于数字技术，协同组织的治理模式同样影响了企业协同创新绩效，包括正式治理和关系治理（Goo 等，2009；Bstieler and Hemmert，2015）。尽管充分的数字技术嵌入能够弥补多主体协同创新过程中的信任不足和目标缺失的问题，但也有研究指出数字技术嵌入并不会改变关键合作伙伴间的信任和共同目标缺失，是协同创新组织的治理模式影响了协同创新成功（Chapman and Corso，2005）。

数字技术嵌入缓解了正式治理对企业协同创新能力的抑制作用。在数字技术嵌入情境下，数字技术（如数字平台能力）与正式治理功能在建构企业协同创新能力的过程中存在相互替代关系，正式领导的过程通过决策控制会限制组织对协同伙伴互补性资源和能力的灵活性访问（Davis and

Eisenhardt，2011）。当企业采取正式治理时，数字技术对企业协同创新能力的促进作用会被削弱，但开放程度越高，企业面临的投机主义行为风险就越高（Ahuja，1998）。因此企业在创新过程中需要平衡利用数字技术获取外部资源与利用合约控制合作伙伴投机主义行为间的关系（Wang等，2017），这与创新生态中焦点企业需要平衡开放（促进创新）与控制（维持稳定）的关系是一致的（Nambisan，2013）。

数字技术嵌入改变了协同主体连接的稳定性，提高了协同组织对关系治理的要求。传统的协同创新网络中的关系治理依赖双方、多方共同签署的协议和规则，中止协同关系存在极高的沉没成本，故而传统协同网络的相互关系较为稳定（Tomkin，2001）。数字技术嵌入导致协同伙伴搜寻成本、切换成本下降，协同创新网络表现出了更大的灵活性和不确定性，依赖正式治理的协同组织变得困难，因此协同组织需要选择关系治理来代替正式治理。关系治理能够正向调节数字技术对企业协同创新能力的促进作用（Wang等，2017）。环境的高不确定性为企业从创新中收益提供的机会越多（Xue等，2011），基于数字技术的企业协同创新能力对企业竞争绩效的促进作用就越强（Wang等，2017）。

在协同创新网络治理过程中，个体网络节点的变化不可避免，但是足够开放的协同创新网络并不会因为某个节点的断裂而遭受致命打击，最终在协同创新网络的宏观层面呈现"越开放越稳定"的状态。[1]

---

1 足够开放的协同创新网络中，单个节点的断开通常不会导致网络崩溃：一方面其他具备同等功能的节点会及时接入；另一方面，非结构洞节点消失时，其连接的两端主体（个体及网络）会自动将绝大部分功能快速转移到其他等位连接之上。

第三节　数字赋能企业协同过程创新

1. 数字技术嵌入改变企业协同创新的基础设施

数字技术嵌入为企业协同创新提供新的协同基础设施。数字技术嵌入（如通信技术和信息系统）为企业协同创新提供了新的协同基础设施，让企业协同创新可以超越地理边界的限制，进行线上协同创新（Gummerus 等，2012），如开源社区中的协同开发创新，又如在基于数字技术的虚拟协同创新环境中，企业可以与消费者高频率地实时交互，提高了消费者参与的速度和持久性。通过与消费者持续地对话，企业获得并理解那些基于共同兴趣的消费者群体所共享的社会知识，从而提高其协同创新的潜力（Harridge 等，2010；Sawhney 等，2005）。

2. 数字技术嵌入改变企业协同创新的协同方式

在协同创新过程中，数字技术嵌入为企业协同创新提供了新的协同方式，如基于模块化的可视化设计系统，消费者可以快速地参与企业个性化组合式设计（孙新波和苏钟海，2018）。此外，基于数字技术发展起来的新协同工具和手段，企业协同创新模式从传统的串行式转向并行式甚至网络式，提高了协同创新效率。同时，数字技术还提高了企业对外部知识（包括多样性技术和复杂知识）的理解能力（Salvatore 等，2017）。企业可以整合更多异质性的创新资源以提高其创新潜力，克服创新的路径依赖问题（Rosenkopf and Nerkar，2001），缓解自身创新对于异质性资源"有潜力没能力"的困境，提高自身对协同创新资源的整合效率。

3. 数字技术嵌入改变企业协同创新的竞合关系

数字技术嵌入改变了企业协同创新过程中的竞合关系。传统的协同创新主要发生在供应链伙伴之间，进行协同伙伴搜寻并建立合作联盟是提高协同组织的学习和运营效率的先决条件，并且信任一直是协同创新能力的核心（Gulati and Nickson，2008）。数字技术嵌入提高了企业合作伙伴的搜寻范围，企业可以超越供应链关系在更大范围内选取自己的合作伙伴。此外，供应网络合作伙伴因长期合作等建立了彼此信任，基于单体的竞争转向基于终端产品的供应网络竞争（Gomes，1994；Rie and Hoppe，2001）。数字技术嵌入让协同创新网络伙伴间能够快速地建立信任，同时也增强了基于长期合作等建立起的信任关系，进一步推动了企业竞争从单体竞争转向网络竞争。

4. 数字技术嵌入缓解企业协同创新的惯例冲突

数字技术提供了一种标准化的协同参与方式，缓解了协同参与主体间既成惯例的冲突。企业进行协同创新的一大挑战在于参与者有自己既成的组织结构和创新流程，如不同的 RandD 决策规则、不同的产品目标市场、不同专家个体等（Brown and Eisenhardt，1997），以致在协同过程中可能会存在冲突。解决这些不一致的冲突要求对参与组织的各个方面都进行重组，同时又不会因为过多的结构调整而对创新形成限制（Wang 等，2002）。标准化的数字技术工具、方法、规范、平台等缓解了协同创新参与者之间的惯例冲突，使得参与者可以更顺畅地进行关系资本整合，促进协同创新。

第四节　数字赋能企业协同价值创造

1. 数字技术增强企业协同创新的范围和规模效应

数字技术增强企业协同创新的范围效应。 数字情境下，企业甚至产业的数字化成为新常态，企业协同创新活动都建立在信息技术、交流技术、连接技术之上（Lenka 等，2017）。首先，企业可以借助数字技术摆脱传统经营过程中出现的功能和流程孤岛的难题，帮助企业实现多业务和多流程的紧密结合（Rai 等，2012）。其次，数字技术提高了企业的吸收能力，使得企业可以基于原有的资源基础提供更多的产品和服务（Ray 等，2005；Sambamurthy 等，2003）。最后，企业还可以凭借数字技术超越企业边界和供应链体系边界，实现跨行业、跨产业的协同创新（例如：Rai 等，2012；Saraf 等，2007）。

数字技术增强企业协同创新的规模效应。 随着云计算等服务的可获得性提高，企业在协同创新过程中可以基于平台等新数字技术基础设施的跨边网络效应，提高其实现生产和服务规模效应的潜力，包括供应链、市场、服务运营等方面的能力（Nuyya 等，2007），这在软件及相关领域尤为明显（Evans 等，2008）。此外，企业还可以基于协同创新的共赢机制推动伙伴间更紧密地协作，通过达成战略伙伴关系促成更深层次的交互（Lenka 等，2017），最终提高其协同创新的规模效应。

总之，数字技术通过提高企业的连接能力、分析能力和智能能力，促进了企业价值共创（Lenka 等，2017）。数字技术赋能的企业协同创新基于互补效应和间接网络效应,为协同网络上多个价值点的过程协同提供支持,提高企业协同创新的范围效应和规模效应(Sambamurthy 等,2003)。

2. 数字技术增强企业协同创新的速度效应

数字技术提高了企业协同创新的创新速度。大企业和小企业的协同创新能够帮助彼此克服在创新过程中的挑战。小企业通过与大企业协同创新,可以降低创新的风险和成本,同时能够加快其创新的市场化进程。大企业通过与小企业协同创新,可以从小企业身上学习"小巧地思考"(think small),快速地识别市场机会并进行创新(Ketchen 等,2007)。此外,在具体的协同创新过程中,数字技术可以帮助企业有效地基于其优势进行产品、流程、商业模式的创新探索(Lee 等,2012)。比如,企业可以基于CAD 技术加快协同创新产品在创意阶段的实现,企业在协同创新过程中也可以基于强大的计算机技术进行快速的产品试错和迭代等,最终提高企业协同创新绩效。

数字技术嵌入提高了企业协同创新过程中的决策速度。不断变化的消费者需求要求企业快速决策,如果企业无法快速地响应消费者需求,就意味着潜在消费者可能转入其他地方消费,甚至是改变其消费诉求(Urban and von Hippel,1988;von Hippel,1986)。协同创新能够帮助企业超越自身创新局限对创新需求进行快速响应,而数字技术嵌入进一步加强了企业的响应速度。一方面,便捷高效的信息采集渠道(如社交媒体等)能够帮助协同创新组织快速收集市场信息;另一方面,企业借助云计算、超级计算机等新数字技术可以快速整合来自不同渠道的海量数据,帮助企业快速识别出有价值的信息,提高协同创新的决策速度。

数字技术嵌入提高了企业协同创新的编排速度。可见性的端到端技术、ERP 部署以及其他数字技术的运用,使企业可以将非核心的业务活动外包给供应链网络成员,进而帮助企业在其拓展网络中优化自身的供应链,进而提高其效率(Rai 等,2012;Saraf 等,2007)。在技术快速变化的产业中,企业竞争优势不仅仅来自抢先发布新产品(先发优势),也包括在全球范围内保障产品及时获得的快速行动优势(Sambamurthy 等,2003)。除了对非核心业务的外包,供应链系统编排包含了从概念设计到产品回收的全过程协同,数字技术的运用提升了供应链体系编排的速度,成为企业竞争优势的重要驱动因素。

数字技术嵌入提高了企业协同网络搭建和调整的速度。企业设计、搭建和管理网络以获取关键互补性资源成为其协同创新的一项重要能力(Venkatraman and Lee,2004;Viswanathan,2005)。这种能力表明企业可以在协同参与者之间快速地建立信任,推动协同参与者之间的互补性学习。供应网络互补性学习与跨边界信息技术设施以及协同组织一同影响协同创新的成功(Bravo 等,2017)。而基于数字技术的运用,企业可以根据环境变化快速地建立和调整协同网络结构,尽管不同供应链的协同网络建立和调整难度不一(Sambamurthy 等,2003),但数字技术的运用整体上提高了企业的网络搭建和调整能力。

3. 数字技术拓展企业协同创新的价值来源

数字技术发展为企业从传统信息要素中协同创造额外价值提供了新的机会。数据和信息之于企业的价值一直都存在,但是数字技术的发展,使企业可以整合来自多个协同伙伴的数据和信息,突破数据和信息的孤岛,从而更加深入地了解并利用数据和信息来创造更多价值。比如产品制造商通过整合零售商的数据促进产品的优化升级以赢取更大市场,使得双方都能从中受益。同时,数字技术嵌入还打破了企业原有市场渠道和中介机制的权力结构(比如平台模式对传统渠道模式的冲击),企业可以通过共享、重配、重整的方式与协同伙伴进行更高效率的价值创造。

数字技术赋能企业捕获协同创新价值。知识多样性和技术复杂度能够提高企业实现创新的潜力，但在协同网络中的新知识和创意在参与协同创新之前必须被整合到同一水平，否则这些知识和创意就极有可能得不到利用并丢失（Pavlou and El Sawy，2011；Zhang 等，2016）。因此，协同企业需要更高阶的能力捕获这些知识和创意的潜在价值，有学者基于动态能力视角将这种高阶能力界定为协同创新能力（Agarwal and Selen，2009），指在与合作伙伴在协同过程中发展起来的能力，其能够由低阶能力发展而来（Grant，1996；Winter，2003），比如IT能力和数字化平台能力等（Mithas 2011；Wang 等，2017）。并且，企业需要建构更强的吸收能力，调节海量数据、信息和知识，甚至物联网技术等建构起来的网络对企业协同创新绩效的影响（Charles 等，2011）。

综上，整理数字技术嵌入对企业协同创新的影响机制如图11-1所示。

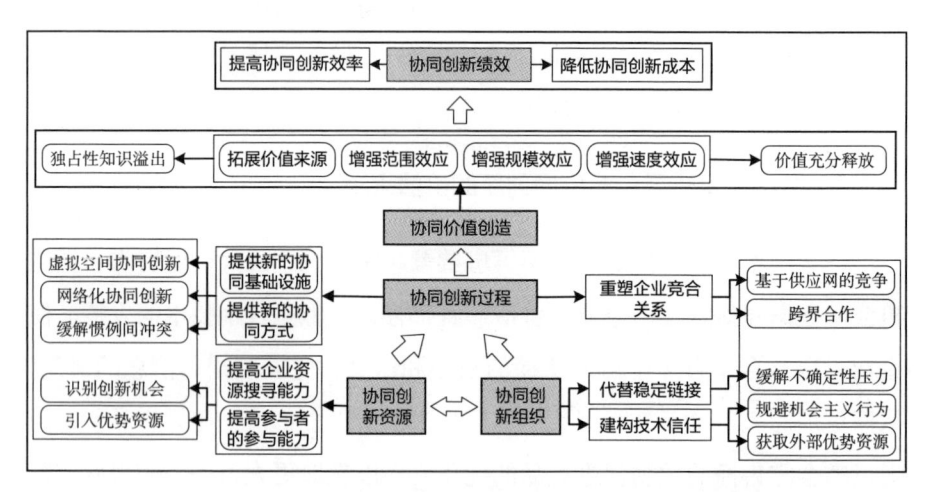

图11-1 数字技术嵌入对企业协同创新影响机制的研究框架

第十二章

进一步发展数字赋能

数字赋能的相关概念从被提出至今，受到了实践和研究的广泛关注和讨论，这极大推进并丰富了数字赋能的发展，但数字赋能距离一个成熟的概念仍旧还有很长一段距离；同时，如何高效、规范地从数据中获取价值，还有很多悬而未决的问题。

因此，本章首先从理论研究层面探讨将数字赋能发展成为成熟概念，仍需在哪些方面付出努力。其次，从实践的层面探讨为了推进数字赋能的发展，还需要在数字化人才培养、数字技术发展以及数据治理体系等方面做出怎样的完善和优化。期待更多对此概念感兴趣的读者朋友们参与进来，共同推动这个概念的进一步发展。

第一节 完善数字赋能概念

数字赋能进一步发展的首要任务在于形成数字赋能的理论框架，指导数字赋能的理论发展和实践探索。一个伟大理论的成就并不来自实践归纳，而更应该来自理论建构者的理性演绎。数字赋能要发展成为一个经典且实用的概念，就需要面向实际问题的解决，从理论的高度去建构，从而达成配称。

首先，尽管现有部分研究已经对数字赋能的定义和概念开展了必要的工作（如孙新波和苏钟海2018；苏钟海等，2020），但就数字赋能相关的中心概念的界定仍旧缺乏明晰、具体的可操作定义，包括其维度划分等，使得这些概念不能用确定的变量和指标来进行测量，这是横亘在构建完整的数字赋能概念面前的巨大挑战。

其次，数字赋能的概念框架需要聚焦并回答"企业如何释放数据价值"，是针对数据价值创造和捕获的理论体系，是解释数字时代企业竞争优势来源的理论概念，自然就需要落脚到企业战略的理论范畴。在构建数字赋能理论过程中，尤其需要关注以下几点。（1）如何界定企业的数据？企业相当一部分的数据是其与外部交互所产生的数据，这部分数据能否被企业占为己有并应用于价值创造和捕获过程中，这值得深究。或许，我们可以向前迈进一步，通过合理、合规的价值分配（如增加数据产业的专项税收，尽管这仍未解决数据主权归属的精准性问题）来解决数据主权的冲突，而非武断地认为某些数据应该归属于哪个主体。（2）数字赋能的理论基础是什么？数字赋能的构建需要架设在已有理论的基础上，尽管已有研究对这个问题进行了必要的探讨（如孙新波和苏钟海，2018；苏钟海等，2020），但就将数字赋能发展成一个成熟的理论而言，这还远远不够。或许可以这样考虑：将数据视为一种资源，引入组织领域的赋能逻辑作为解释依据，将数字赋能发展成为企业竞争优势获取的具体微观理论，这符合数字赋能当前研究的基本现况。

最后，数字赋能概念的基本命题是什么？其必须要建立起一套命题演绎系统，包括明确阐述数字赋能的基本假定，推导出系列定理并形成命题等级系统。进一步地，从理论命题严格推演出数字赋能的构念和模型，并根据假设来收集资料进行假设检验。

第二节　培养数字化的人才

无论是数字赋能的理论还是实践发展，都要求以一大批具有数字化素养的人才作为其根基。笼统来讲，数字化人才是指具备数字化思维、掌握基本数字工具、具有数字化创新能力的一类人才。数字化人才的培养有两条基本的路径：一是熟悉企业经营业务的传统型人才通过学习数字化知识和技能，实现人才的数字化转型，最终能够将数字化知识和技能运用到传统的经营业务中，从而对传统的组织、流程、规则、技术工具等进行数字化改造升级；二是直接接受数字化知识教育和数字化技能培训而成长起来的年轻一代数字化人才。

面向国家整体的经济和社会数字化转型，数字化人才的培养要积极发挥全社会的力量，形成有层次和有方向差异的、完善的培养体系。首先，高等院校和其他相关科研单位要形成数字化科学研究的专门队伍，不断丰富和发展数字化的基础理论、范式和方法。其次，高等院校学生培养单位要开设数字化相关专业，面向数字化需求提供熟悉数字化基本概念、掌握数字化基础技术的人才。最后，还需要积极发挥社会第三方教育和培训机构的力量，面向具有特殊数字化需求的用人单位进行委托培训、培养等。

第三节　大力发展数字技术

数据资源一直存在，但是为什么近几年才表现出强大的赋能作用呢？原因在于技术发展的不充分性，数据闲置和数据剩余严重。有相关论断认为我们当前使用和挖掘的数据仅仅是真实数据量的2%，数据这座巨大矿山的价值释放仍在静候更先进的数字技术。

数字赋能的进一步发展同样依赖于数字技术，包括采集技术（传感器技术、降噪技术）、标准化技术（数据化规范、数据清洗等）、传输技术（5G）、存储技术、分析技术（回归、关联、聚类、云计算、机器学习、智能化等）、数据运用技术（场景创新、工具创新、方法创新等）。

1. 数据收集

在企业层面，数字化渠道建设是企业与外部上下游合作伙伴、消费者和用户、竞争对手、股东、政府等外部利益相关者交互的基础。加强数字化渠道建设可以推动焦点企业进行组织结构和业务流程的调整，使产品创新、服务创新和流程创新更加高效（Urbinati, 2020; Marion and Fixson, 2020），可以推动焦点企业打造更强的知识吸收、转化、分享和运用能力以提高其创新能力（Alavi 等，2001; Gopalakrishnan 等，1999），同时还可以完善焦点企业与外部相关者之间的互动协调机制和治理机制进而提高协同创新绩效等（Wang 等，2017），最终提高焦点企业应对市场不确定性的能力。

企业数字化渠道建设包含两大方面的内涵：其一，适时拥抱先进的基础性数字化技术，使企业接入数字化技术高速发展的轨道，享受数字化技术发展的红利。例如，数字化平台、社交网络、支持最新数字化功能的硬件设备等。其二，及时地引入和开发工具性数字化技术，提升企业内部数字化能力。

通过延伸企业信息树突，帮助企业获得跨时空条件下企业经营的横纵深度数据，通过数据分析判断数据可能具有的价值，进而依据运用目的进行数据深度分析，获得企业决策所需的参考信息。

2. 数据存储

数据存储成本的大幅下降并不代表其没有成本，当出现海量数据存储需求时，需要对这种成本引起足够的重视。诸如腾讯公司的即时交流软件 QQ 以及微信产生的海量用户属性数据、往来交流数据，阿里巴巴的淘宝和天猫购物平台产生的用户属性数据和购物行为相关数据，交通运输的12306网站、滴滴出行平台等需要记录的大众出行相关数据等，这些数据量级巨大，并且增长速度惊人。这要求这些公司和机构具有足够的数据存储能力，即时记录产生的数据。在被挖掘并运用到后续的政府管理、商业行为之前，这些数据都需要有一个被沉淀的过程。同时，数据资源具有可复用性，在其被再次、再再次使用直至其被格式化处理前，都需要存储空间来对其进行存储。

而数据沉淀的过程就要求对数据进行标准化处理，否则绝大部分的存储数据就会沦为一无是处的垃圾，因为其无法有效地满足数据检索和数据协同的需要。

3. 数据读取

数据读取能力/数据检索能力是在实现数据价值过程中，人们最常遗忘的能力，或许是因为我们目前已拥有强大的检索能力，我们并不能感知到检索会成为企业获取数据价值的限制。数据检索是数据沉淀后进行数据甄别和数据处理的必要环节，在数字时代，检索能力之所以能够成为获取数据价值的一种重要能力，主要有两个方面的原因。

其一，当数据量急剧膨胀，海量的数据存储完成之后，我们需要从存储的数据中找到某条有价值的数据记录，高效的检索算法就极为重要。试想一下，用算法从万亿条记录中查询出自己想要的数据，碰巧这条数据还保存在队列的后端，这将是多么令人崩溃的事情。如果止步不前，当面临更高量级的检索任务时，即便是当下认为较为有效的检索算法（如向量检索、树表查找、哈希查找等），其效果与遍历算法或许并无二致。其二，数据标准化存储有助于检索。因为标准化的数据让检索可以设置多种限制性检索条件，通过多维度筛选，快速而精确地检索出想要的结果，比如购买衣服会有款式、季节、价格等关键指标可供筛选。或源于存储数据的特殊性，或源于检索机制设计者的能力水平有限，不同的数据检索者并不都能从数据库中检索出自己想要的结果，尽管这个结果在数据库中是存在的。比如同一主题的检索，总有检索者能够选择更为精准的检索词、检索字，进而获得更精准的查找结果，这种情况比比皆是。

4. 数据传输

数字经济时代，企业竞争不仅仅在形式上发生了改变，由单体竞争转向基于生态体的竞争，在目标追求上也发生了改变，在差异化的范围经济和集中式的规模经济之外增加了速度经济的诉求，快速响应成为企业决胜数字经济时代的重要法宝。这种快速响应落脚到企业日常经营之中，体现为决策快、资源协调快，所有这些"快"都以信息传输为基础，只有快速的信息传输才有后续快速的信息加工，进而实现快速的决策。因此构建企业强大的信息传输能力是企业进行数字赋能从而获取数据价值的重要环节。

例如，在 2020 年初春，由于新型冠状病毒在欧美地区的影响，很多人被迫居家隔离，这在短时间内增加了这些地区电信服务的压力，网络冲浪产生的庞大需求前所未有，YouTube、Facebook、抖音等热门网站及 App 的单日用户叠加时长增长到疫情前正常水平的几倍到十几倍不等，为了应对这种爆炸式的需求，并保障整体网络的继续运转，内容提供商们不得已将视频的清晰程度统一控制在清晰画质水平而拒绝了用户对视频高清和超清的请求。

5. 数据协同

20 世纪 90 年代之前，创新创业被描述为个体的独立活动，创新的想法和产品被认为是企业家个人或企业内部某个独立单元的产物（Ketchen 等，2007；Fppinger and Ulrich，2015）。企业创新环境的不确定性和不稳定性增加，创新资源高度分散并且市场处于动态变化中，组织边界开放化并变得充满活力，单个企业的创新能力日益受到挑战（Yoon，2008；Arza and Lopez，2011），接入并整合外部主体的创意、知识和技能进行产品和服务创新成为企业重要的创新方式，其能够为企业提供新的资源和新的机会（Odenthal 等，2004），并进行创新成本和风险的转移（Chapman and Corso，2005；Ketchen 等，2007），打开了企业创新的新局面。而数字技术的嵌入将企业与外部知识主体的协同推向了新的高度（Chesbrough，2003），尤其是大数据、AI、云计算、移动互联网等技术嵌入，提高了企业协同创新效率，降低了企业协同创新的成本。

因此，发展并构建企业的协同能力对于创新尤为重要。新产品或者服务的创造、流程优化、新方法的引入意味着与多个主体交互和协同，包括与上游供应商协同、与消费者协同、与竞争者协同以及与大学及科研院所等研究机构进行协同。协同创新描述的是结构化的共同过程，包括设计和开发新产品、服务和流程，这要求企业多主体之间进行信息共享、共同规划、共同解决问题以及整合式运营。

第四节 完善数据治理体系

1. 定义数据治理

关于数据治理的定义颇多，如：数据治理是一系列政策和规则的定义（王学勤，2017）；数据治理是有关组织对数据资产的决策制定和职责划分

（张闪闪等，2015；吴蓉等，2015）；数据治理是集中人、过程和信息技术的数据管护过程或方法，能够确保组织数据资产得到合理使用（张瑶等，2015）。张宁和袁勤俭（2017）在总结前人关于数据治理定义的基础上，将其定义为：数据治理是围绕数据资产展开的系列工作，以服务组织各层决策为目标，涉及有关数据管理的技术、过程、标准和政策的集合。显然，关于数据治理的定义，学者们意见并未完全统一，但达成了基本的共识：在数据资产的价值释放过程中，基于合理的资源支撑（基础设施、中介服务、人才、知识、资金和领导力等）及制度安排（正式制度和文化、网络等非正式制度），明确各参与者的权责。

2. 构建治理体系

但当切入实践的情境，要建构起完善的数据治理体系并非易事，原因在于：数据一般基于多主体间的复杂互动而产生，而各主体的贡献无法准确测度，加之数字时代企业边界的模糊性和动态性，数据资源的产权无法被准确地划归给确定的主体。当前对于数据资源使用呈现"不求所有，但求所用"的现象。与此同时，数据作为一种有别于传统资源的资源因其不具备独占性而可以被多主体同时使用且不会产生竞争，数据资源还具有自生长性、高流动性、低交易成本等特征（魏江和刘洋，2020）。

就目前而言，且不论数据的所有权该归谁所有，但现实的大部分数据存储在政府掌控的数据库中或者数据巨头企业所有或租赁的存储器中，故而数据治理体系建设的路径在于规范"代为保管数据"主体的权力和责任。

结合当前我国在数据治理方面的不足，从数据价值释放的流程来看，就数据治理体系建设给出几个需要重点关注的问题：

（1）数据采集：谁可以采集、以何种标准在何种范围内采集何种数据？

（2）数据存储：以何种规范在何处存储？谁负责存储安全？不同数据有效存储时间长度为多久？

（3）数据运用：何种主体以何种方式运用数据？收益分配机制如何？

（4）数据开放共享：以何种协议、何种方式向何种类主体开放共享？

（5）治理流程的问责机制、章程规制、法律规定如何？

（6）治理组织结构设计：政府部门数据治理的组织结构、企业数据治理的组织结构都是怎样的？

3. 警惕数据隐私

数字赋能能够带来这个社会经济的再度繁荣和腾飞，但也无可避免地会引发很多社会问题，例如道德伦理问题、法律规定的调整和完善问题等。并不是唱衰数字赋能，也不是夸大数据赋能发展可能带来的负面影响，要知道，无论何时何地，保有对新鲜概念的谨慎性，并坚守得住内心的正念都是弥足重要的。

数字赋能意味着要对企业所存储和触及的数据进行创新运用，但这些数据不仅面临确权的挑战，更重要的是即便这些数据所关联的主体不追究所有权关系，这些数据的运用也极有可能会侵犯后者的隐私。并且，大多数的隐私数据蕴含着巨大的投机"收益"，即便企业有明确的规章制度规范数据的使用，也仍旧避免不了个别职员以及部分职员合谋，越过法律或道德的红线获得非法收入，这不仅给隐私所涉主体造成了严重侵害，同时也为企业的可持续经营形成了巨大隐患。

4. 数据容灾备份

企业持续增加数据及数字技术的投入，并将之深刻嵌入日常运营体系中，大大提高了经营的效率和效益，但这同时也意味着企业经营对数据的依赖性越来越高，数据泄露与数据丢失都将严重地影响企业的正常运转，确保数据安全成为数字赋能企业经营的基础要求。现实中，企业通过将应用部署到公有云上实现以租赁代替自建，很好地降低了其信息化、数字化项目的建设启动费用、维护费用和升级费用，同时也通过计时计量的付费方式降低了运营成本。但很多企业并不愿意完全将自身的数据都托管在公有云上，而是选择将部分私密数据存储在本地，这给企业经营带来了一定的隐患。

不同于公有云的服务提供商具有强大的技术安全保障体系，企业选择本地部署的应用和数据，却往往因为没有足够的精力进行数据安全技术的投入而面临更高的数据泄露风险，同时选择本地部署的企业通常也缺乏足够的意识或者资金对自身的数据进行安全备份，这同样增加了本地设备遭受意外损害而影响企业正常经营的风险。比如2021年7月，河南郑州特大降水造成城市内涝，部分中小企业和个体经营户的机房和办公电脑被毁，大量数据丢失，这给这些企业造成不可逆转的损失。因此，选择恰当的应用部署策略、加大数据安全技术投入以及做好数据容灾备份对于数字时代的企业经营具有更加重要的意义。

参考文献

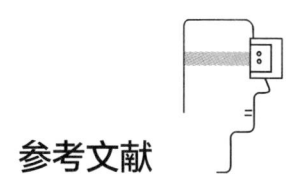

Agarwal R, and Selen W. Dynamic Capability Building in Service Value Networks for Achieving Service Innovation[J]. Decision Sciences, 2009, 40(3): 431–475.

Ahuja G, and Katila R. Where Do Resources Come From? The Role of Idiosyncratic Situations[J]. Strategic Management Journal, 2004(25): 887–907.

Ahuja G. Collaboration Networks, Structural Holes and Innovation: A Longitudinal Study[J]. Academy of Management Annual Meeting Proceedings, 1998(1): 1–7.

Akkoyunlu B, Soylu M Y, and Caglar M. A Study on Developing "Digital Empowerment Scale" for University Students[J]. Journal of Education, 2010(39): 10–19.

Alavi M, and Leidner D E. Review: Knowledge Management and Knowledge Management Systems: Conceptual Foundations and Research Issues[J]. MIS Quarterly, 2001, 25(1): 107–36.

Angelique S S, Geoffrey K, Desiree F P, et al. Hierarchy Versus Flat: The Effect of Governance Structures on Conflict in Development Cooperatives[J]. Academy of Management Proceedings, 2018, 1(2): 17272–17288.

Arino A, and de la Torre J. Learning from Failure: Towards an Evolutionary Model of Collaborative Ventures[J]. Organization Science, 1998(9): 306–325.

Arthur W B. The Nature of Technology: What It is and How It Evolves[M]. New York: Free Press, 2009.

Arza V, and L ó pez A. Firms' Linkages with Public Research Organisations in Argentina: Drivers, Perceptions and Behaviours[J]. Technovation, 2011, 31(8):384–400.

augier M, and Teece D J. Dynamic Capabilities and the Role of Managers in Business Strategy and Economic Performance[J]. Organization Science, 2009(20): 410–421.

Baack S. Datafication and Empowerment: How the Open Data Movement Re-Articulates Notions of Democracy, Participation, and Journalism[J]. Big Data and Society, 2015, 2(2): 1–11.

Barkema H G, and Mannix E A. Management Challenges in A New Time[J]. Academy of Management Journal, 2002, 45(5): 916–930.

Barney J B, Ketchen D J, and Wright M. Future of Resource-based Theory: Revitalization or Decline?[J]. Journal of Management, 2011, 37(5): 1299–1315.

Bechky B A. Gaffer Gofers, and Grips: Role-based Coordination in Temporary Organizations[J]. Organization Science, 2006(17): 3–21.

Besson P, and Rowe F. Strategizing Information Systems-enabled Organizational Transformation: A Transdisciplinary Review and New Directions[J]. Journal of

Strategic Information Systems, 2012, 21(2):103–124.

Bharadwaj A, El Sawy O A, Pavlou P A, et al. Digital Business Strategy: Toward a Next Generation of Insights[J]. MIS Quarterly, 2013, 37(2): 471–482.

Bloodgood J M, Hornsby J S, Burkemper A C, et al. A System Dynamics Perspective of Corporate Entrepreneurship[J]. Small Business Economics, 2015(45): 383–402.

Brodie R, Ilic A, Juric B, et al. Consumer Engagement in a Virtual Brand Community: An Exploratory Analysis[J]. Journal of Business Research, 2013(66): 105–114.

Brown S L, and Eisenhardt K M. The Art of Continuous Change: Linking Complexity Theory and Time-paced Evolution in Relentlessly Shifting Organizations[J]. Administrative Science Quarterly, 1997(42): 1–34.

Bstieler L, and Hemmert M. The Effectiveness of Relational and Contractual Governance in New Product Development Collaborations: Evidence from Korea[J]. Technovation, 2015, 45–46(1): 29–39.

Burns L R, and Wholey D R. Adoption and Abandonment of Matrix Management Programs: Effects of Organizational Characteristics and Interorganizational Networks[J]. Academy of Management Journal, 1993, 36(1): 106–138.

Buyya R, Broberg J, and Goscinski A. Cloud Computing: Principles and Paradigms[M]. New York: Wiley Press, 2011.

Casciaro T, and Piskorski M. Power Imbalance, Mutual Dependence, and Constraint Absorption: A Closer Look at Resource Dependence Theory[J]. Administrative Science Quarterly, 2005(50): 167–199.

Chandler A D J. Strategy and Structure[M]. Cambridge, MA: MIT Press, 1962.

Chandler A D J. The Visible Hand: The Management Revolution in American

Business[M]. Cambridge, MA: Belknap Press, 1997.

Chapman R L, Corso M. From Continuous Improvement to Collaborative Innovation: The Next Challenge in Supply Chain Management[J]. Production Planning and Control, 2005, 16(4): 339–344.

Charles R G, and David L. Collaborative Innovation with Customers: A Review of the Literature and Suggestions for Future Research[J]. International Journal of Management Reviews, 2011, 14(1): 63–84.

Chavez R, Yu W T, Jacobs M A, et al. Data-driven Supply Chain Management, Manufacturing Capability and Customer Satisfaction[J]. Academy of Management Annual Meeting Proceedings, 2017, 28(11–12): 906–918.

Chen G, Luo S, Tang Y, et al. Passing Probation: Earnings Management by Interim CEOs and Its Effect on Their Promotion Prospects[J]. Academy of Management Journal, 2015, 58(5): 1389–1418.

Chen H, Daugherty P J, and Landry T D. Supply Chain Process Integration: A Theoretical Framework[J]. Journal of Business Logistics, 2009, 30(2): 27–46.

Chesbrough H W. Open Innovation: The New Imperative for Creating and Proting from Technology[M]. Boston, MA: Harvard Business School Press, 2003.

Clark K, and Fujimoto T. Product Development Performance[M]. Boston, MA: Harvard Business School Press, 1991.

Crossan M M, and Berdrow I. Organizational Learning and Strategic Renewal[J]. Strategic Management Journal, 2003, 24(11): 1087–1105.

Davis J P, Eisenhardt K M, and Bingham C B. Optimal Structure, Market Dynamism, and the Strategy of Simple Rules[J]. Administrative Science Quarterly, 2009(54): 413–452.

Dosi G. Technological Paradigms and Technological Trajectories[J]. Research

Policy, 1982(11): 147–162.

Du S M. Effect of Digital Enablement of Business-to-Business Exchange on Customer Outcomes: The Role of Information Systems Quality and Relationship Characteristics[D]. Atlanta: Georgia State University, 2010: 124–126.

Eisenhart E M, and Sull D N. Strategy as Simple Rules[J]. Harvard Business Review, 2001,79(1): 107–116.

Elaine R, and Michael L T. Organizational Transformation as Punctuated Equilibrium: An Empirical Test[J]. Academy of Management Journal, 1994, 37(5): 1141–1166.

Eric M R. The Twenty-First Century Enterprise, Agile Manufacturing and Something Called CALS[J]. World Class Design to Manufacture, 1994, 1(3): 35–39.

Evans D S, Hagiu A, and Schmalensee R. Invisible Engines: How Software Platforms Drive Innovation and Transform Industries[M]. Cambridge, MA: MIT Press, 2008.

Eylon D. Understanding Empowerment and Resolving Its Paradox[J]. Journal of Management History, 2013,4(1):16–28.

Falco S E D, Renzi A, Orlando B, et al. Open Collaborative Innovation and Digital Platforms[J]. Production Planning and Control, 2017, 28(16):1344–1353.

Ference T P, Stoner J A, and Warren E K. Managing the Career Plateau[J]. Academy of Management Review,1977, 2(4): 602–608.

Fleming L. Recombinant Uncertainty in Technological Search[J]. Management Science, 2011(47): 177–132.

Floyd S, and Lane P. Strategizing Throughout the Organization: Managing Role

Conflict in Strategic Renewal[J]. Academy of Management Review, 2000, 25(1): 154-177.

Galbraith J R. Designing Complex Organizations[M]. Boston: Addison-Wesley, 1973.

George G, Mcgahan A M, and Prabhu J. Innovation for Inclusive Growth: Towards a Theoretical Framework and a Research Agenda[J]. Journal of Management Studies,2012,49(4): 1-23.

Gerard G, Martine R H, and Alex P. Big Data and Management[J]. Academy of Management Journal, 2014, 57(2): 321-326.

Ghoshal S, and Moran P. Bad for Practice: A Critique of the Transaction Cost Theory[J]. The Academy of Management Review, 1996, 21(1): 13-47.

Girod S J G, and Whittington R. Reconfiguration, Restructuring and Firm Performance: Dynamic Capabilities and Environmental Dynamism[J]. Strategy Management Journal, 2017, 38(5): 1121-1133.

Gomes C B. Group versus Group: How Alliances Networks Compete[J]. Harvard Business Review, 1994, 6(7): 62-74.

Goo J, Kishore R, Rao H R, et al. The Role of Service Level Agreements in Relational Management of Information Technology Outsourcing: An Empirical Study[J]. MIS Quarterly, 2009, 33(1): 119-145.

Gopalakrishnan S, Bierly P, and Kessler E H. A Reexamination of Product and Process Innovations Using a Knowledge-based View[J]. The Journal of High Technology Management Research, 1999, 10(1): 147-166.

Grant R M. Prospering in Dynamically Competitive Environments: Organizational Capability as Knowledge Integration[J]. Organization Science, 1996, 7(4): 375-387.

Greiner L E, and Bhambri A. New CEO Intervention and Dynamics of Deliberate Strategic Change[J]. Strategic Management Journal, 1989(10): 67–86.

Gummerus J, Liljander V, Weman E, et al. Customer Engagement in a Facebook Brand Community[J]. Management Research Review, 2012(35): 857–877.

Günther W, Mehrizi M R, Huysman M, et al. Mind Your Data: An Empirical Analysis of How Data Influence Value Realization[J]. Academy of Management Annual Meeting Proceedings, 2018(1): 16399.

Hamel G. Competition for Competence and Inter-partner Learning within International Strategic Alliances[J]. Strategic Management Journal, 1991, 12(Summer Special Issue): 83–103.

Harridge M S, Quinton S, and Harridge M S. Relationships in Online Communities: The Potential for Marketers[J]. Journal of Research in Interactive Marketing, 2010, 4(1):59–73.

Heckert J, and Fabic M S. Improving Data Concerning Women's Empowerment in Sub-Saharan Africa[J]. Studies in Family Planning, 2013, 44(3): 319–344.

Huang P, Pan S L, and Ouyang T H. Developing Information Processing Capability for Operational Agility: Implications from a Chinese Manufacturer[J]. European Journal of Information Systems, 2014, 23(4): 462–480.

Jain A, Mehta I, Mitra J, et al. Application of Big Data in Supply Chain Management[J]. Materials Today-Proceedings, 2017, 4(2): 1106–1115.

James G M. Exploration and Exploitation in Organizational Learning[J]. Organization Science, 1991,2(1): 71–87.

Jason A, and Brian M. 邵真，译. 商业新模式：企业数字化转型之路[M]. 北京：中国人民大学出版社，2018.

Johnsen A T, Eskildsen N B, Thomsen T G, et al. Conceptualizing Patient

Empowerment in Cancer Follow-up by Combining Theory and Qualitative data[J]. Acta Oncologica, 2017, 56(2): 232–238.

Jolta K, and Lucas V W. Using Upgrading Strategy and Analytics to Provide Agility to Clothing Manufacturing Subsidiaries: With a Case Study[J]. Global Journal of Flexible Systems Management, 2017, 18(1): 21–31.

Kanter R M. Powerlessness Corrupts[J]. Harvard Business Review, 2010, 88(7–8): 36.

Katila R, and Ahuja G. Something Old, Something New: A Longitudinal Study of Search Behavior and New Product Introduction[J]. Academy of Management Journal, 2002(45): 1183–1194.

Katila R, Rosenberger J, and Eisenhardt K M. Swimming with Sharks: Technology Ventures, Defense Mechanisms, and Corporate Relationships[J]. Administrative Science Quarterly, 2008(53): 295–332.

Ketchen D J, Ireland R D, and Snow C C. Strategic Entrepreneurship, Collaborative Innovation, and Wealth Creation[J]. Strategic Entrepreneurship Journal 2007, 1(3–4): 371–385.

Kohli R, and Melville N P. Digital Innovation: A Review and Synthesis[J]. Information Systems Journal, 2019, 29(1):200–223.

Konczak L J, Stelly D J, and Trusty M L. Defining and Measuring Empowering Leader Behaviors : Development of an Upward Feedback Instrument[J]. Educational and Psychological Measurement, 2000, 60(2): 301–313.

Lee S, Olson D, and Trimi S. Co-innovation: Convergenomics, Collaboration, and Co-creation for Organizational Values[J]. Management Decision, 2012(50): 817–831.

Lee W B, and Lau H C W. Factory on Demand: The Shaping of an Agile Production

Network[J]. International Journal of Agile Management Systems, 1999, 1(2): 83-87.

Lei G, Ning Z, Hou W, et al. Quick Answer for Big Data in Sharing Economy: Innovative Computer Architecture Design Facilitating Optimal Service-demand Matching[J]. Automation Science and Engineering, 2018, 15(4):1494-1506.

Lenka S, Parida V, and Wincent J. Digitalization Capabilities as Enablers of Value Co-creation in Servitizing Firms[J]. Psychology and Marketing, 2017, 34(1):92-100.

Leong C M L, Pan S L, Ractham P, et al. ICT-enabled Community Empowerment in Crisis Response: Social Media in Thailand Flooding 2011[J]. Journal of the Association for Information Systems, 2015,16(3): 174-212.

Ma D H. Application of Delicacy Management in Teaching Management of Colleges and Universities[J]. Higher Education of Social Science, 2015, 9(5): 46-50.

Marion T J, and Fixson S K. The Transformation of the Innovation Process: How Digital Tools are Changing Work, Collaboration, and Organizations in New Product Development[J]. Journal of Product Innovation Management, 2021, 38(1): 192-215.

Mayer C, Wright M, and Phan P. Management Research and The Future of The Corporation: A New Agenda[J]. Academy of Management Executive, 2017, 31(3): 179-182.

Miller A, and Dees D. Assessing Porter's(1980) Model in Its Generalizability, Accuracy and Simplicity[J]. Academy of Management Journal, 1993, 36(4): 763-788.

Miller D. Generic Strategies: Classification, Combination and Context[J]. Advances in Strategy Management, 1992(8): 391–408.

Mintzberg H, Ahlstrand B, and Lampel J. Strategy Safari: A Guided Tour through the Wilds of Strategic Management[J]. New York: The Free Press, 2005: 65–74.

Mintzberg H. Generic Business Strategies: The Strategy Process[M]. Upper Saddle River: Prentice Hall International, 1996: 83–92.

Mintzberg H. Generic Strategies: Toward a Comprehensive Framework[J]. Advances in Strategic Management, 1988(5): 1–67.

Mithas S, Ramasubbu N, and Sambamurthy V. How Information Management Capability Influences Firm Performance[J]. MIS Quarterly, 2011, 35(1): 237–256.

Nambisan S. Industry Technical Committees, Technological Distance, and Innovation Performance[J]. Research Policy, 2013, 42(4): 928–940.

Nooteboom B, Van Haverbeke W, Duysters G, et al. Optimal Cognitive Distance and Absorptive Capacity[J]. Research Policy, 2007, 36(7): 1016–1034.

Obstfeld D. Social Networks, the Tertius Iungens Orientation, and Involvement in Innovation[J]. Administrative Science Quarterly, 2005, 50(1):100–130.

Odenthal S, Tovstiga G, Tambe H, et al. Co-innovation: Capturing the Innovation Premium for Growth[J]. Prism, 2004(1): 41–55.

Opresnik D, and Taisch M. The Value of Big Data in Servitization[J]. International Journal of Production Economics, 2015(165):174–184.

Orlando B, Renzi A, Sancetta G, et al. How does Firm Diversification Impact Innovation?[J]. Technology Analysis and Strategic Management, 2018,30(4): 391–404.

Overby E, Bharadwaj A, and Sambamurthy V. Enterprise Agility and The Enabling Role of Information Technology[J]. European Journal of Information Systems, 2006, 15(2): 120–131.

Pattit K, and Elm D R. Organizational Boundary Management: When, Why and How?[J]. Academy of Management Proceedings, 2017(1): 14220–14234.

Patton M Q. How to Use Qualitative Methods in Evaluation[M]. Thousand Oaks: Sage Publications, 1987: 38–69.

Pavan K P, Routroy S, and Behera A. Agile Manufacturing: A Systematic Review of Literature and Implications for Future Research[J]. Benchmarking, 2017, 24(7): 184–188.

Pavlou P A, and Sawy O. Understanding the Elusive Black Box of Dynamic Capabilities[J]. Decision Sciences, 2011, 42(1): 239–273.

Peterson N A, Lowe J B, Aquilino M L, et al. Linking Social Cohesion and Interactional Empowerment: Support and New Implications for Theory[J]. Journal of Community Psychology, 2005, 33(2):233–244.

Porter M. Competitive Advantage[M]. New York: Simon and Schuster, 1985:11–15.

Porter M. Competitive Strategy: Techniques for Analyzing Industries and Competitors[M]. New York: Simon and Schuster, 1980: 34–46.

Porter M. What is Strategy?[J]. Harvard Business Review, 1996,74(6): 61–78.

Prahalad C, and Hamel G. The Core Competence of the Corporation[J]. Harvard Business Review, 1990, 68(3): 275–292.

Priem R L, Butler J E, and Li S. Toward Reimagining Strategy Research: Retrospection and Prospection on the 2011 AMR Decade Award Article[J]. Academy of Management Review, 2013, 17(1): 471–489.

Quinton S, and Harridge-March S. Relationships in Online Communities: The

Potential for Marketers[J]. Journal of Research in Interactive Marketing, 2010(4): 59–73.

Rai A, Pavlou P A, Im G, et al. Interfirm IT Capability Profiles and Communications for Co-creating Relational Value: Evidence from the Logistics Industry[J]. MIS Quarterly 2012, 36(1): 233–262.

Ray G, Muhana W A, and Barney J B. Information Technology and the Performance of the Customer Service Process: A Resource-based Analysis[J]. MIS Quarterly, 2005, 29(4): 625–652.

Rie J B, and Hoppe R M. Supply Chain Versus Supply Chain[J]. Supply Chain Manage. Rev., 2001(9–10): 46–56.

Roldán Bravo M I, Lloréns Montes F J, and Ruiz Moreno A. Open Innovation and Quality Management: The Moderating Role of Inter-organisational IT Infrastructure and Complementary Learning Styles[J]. Production Planning and Control, 2017, 28(9): 744–757.

Rosenkopf L, and Nerkar A. Beyond Local Search: Boundary-spanning, Exploration, and Impact in the Optical Disk Industry[J]. Strategic Management Journal, 2001, 22(4): 287–306.

Saeed B B, Afsar B, Shahjehan A, et al. Does Transformational Leadership Foster Innovative Work Behavior? The Roles of Psychological Empowerment, Intrinsic Motivation, and Creative Process Engagement[J]. Economic Research, 2019, 32(1): 254–281.

Sambamurthy V, Bharadwaj A, and Grover V. Shaping Agility through Digital Options: Reconceptualizing the Role of Information Technology in Contemporary Firms[J]. MIS Quarterly 2003, 27(2): 237–263.

Sanders N R. Big Data Driven Supply Chain Management: A Framework for

Implementing Analytics and Turning Information into Intelligence[M]. LA: Pearson Financial Times, 2014: 16–21.

Saraf N, Langdon C, and Gosain S. IS Application Capabilities and Relational Value in Interfirm Partnerships[J]. Information Systems Research, 2007, 18(3): 320–339.

Sawhney M, Verona G, and Prandelli E. Collaborating to Create: The Internet as a Platform for Customer Engagement in Product Innovation[J]. Journal of Interactive Marketing, 2005(19): 4–17.

Shetzer L, and Stackman R W. Realistic Job Previews Revisited: The Career Path Component[J]. Academy of Management Annual Meeting Proceedings, 1990(1): 53–57.

Smailes E, and Cross J. Flattening the Hierarchical Bureaucracy: A Cluster Randomized Controlled Field Experiment[J]. Academy of Management Proceedings, 2015, (1): 19111–19134.

Spreitzer G. Giving Peace a Chance: Organizational Leadership, Empowerment, and Peace[J]. Journal of Organizational Behavior, 2007, 28(8): 1077–1095.

Stanko M A. Toward a Theory of Remixing in Online Innovation Communities[J]. Information Systems Research, 2016, 27(4): 773–791.

Stienstra M, Baaij M, Van Den Bosch F J, et al. Strategic Renewal of Europe's Largest Telecom Operators (1992–2001): From Herd Behavior towards Strategic Choice[J]. European Management Journal, 2004(22): 257–262.

Talking Data. 探索数据背后的赋能和业务创新[EB/OL].（2017-9-26）[2022-2-22]. https://www.sohu.com/a/194648484_617676.

Tao F, Cheng J F, Qi Q L, et al. Digital Twin-driven Product Design, Manufacturing and Service with Big Data[J]. The International Journal of

Advanced Manufacturing Technology, 2017, 94(9–12): 3563–3576.

Teece D J, Pisano G, and Shuen A. Dynamic Capability and Strategic Management[J]. Strategic Management Journal, 1997(18): 509–534.

Thompson J D. Organizations in Action: Social Science Bases of Administrative Theory[M]. New York: McGraw-Hill, 1967.

Tim Y, Pan S L, Bahri S, et al. Digitally Enabled Affordances for Community-driven Environmental Movement in Rural Malaysia[J]. Information Systems Journal, 2017, 28(1): 48–75.

Tomkins C. Interdependencies, Trust and Information in Relationships, Alliances and Networks[J]. Accounting, Organisations and Society, 2001, 26(2): 161–191.

Tripsas M, and Gavetti G. Capabilities, Cognition, and Inertia: Evidence from Digital Imaging[J]. Strategic Management Journal, 2000, 21(10–11): 1147–1161.

Tseng Y H, and Lin C T. Enhancing Enterprise Agility by Deploying Agile Drivers, Capabilities and Providers[J]. Information Sciences, 2011, 181(17): 3693–3708.

Tushman M L, and Nadler D A. Information Processing as an Integrating Concept in Organizational Design[J]. Academy of Management Review, 1978, 3(3): 613–624.

Ulrich K T, and Eppinger S D. Product Design and Development[M]. New York: McGraw-Hill Higher Education, 1995.

Urban G L, and von Hippel E. Lead User Analyses for the Development of New Industrial Products[J]. Management Science, 1988, 34(5): 569–582.

Urbinati A, Chiaroni D, Chiesa V, et al. The Role of Digital Technologies in Open

参考文献

Innovation Processes: An Exploratory Multiple Case Study Analysis[J]. R & D Management, 2020, 50(1): 136–160.

Vazquez-Bustelo D, Avella L, and Fernandez E. Agility Drivers, Enablers and Outcomes: Empirical Test of an Integrated Agile Manufacturing Model[J]. International Journal of Operations and Production Management, 2007, 27(12): 1303–1332.

Venkatraman N, and Lee C H. Preferential Linkage and Network Evolution: A Conceptual Model and Empirical Test in the U.S. Video Game Sector[J]. Academy of Management Journal, 2004, 47(6): 876–892.

Viswanathan S. Competing Across Technology-differentiated Channels: The Impact of Network Externalities and Switching Costs[J]. Management Science, 2005, 51(3): 483–496.

von Hippel E. Lead Users: A Source of Novel Product Concepts[J]. Management Science, 1986, 32(7): 791–805.

Waibel M W, Steenkamp L P, Moloko N, et al. Investigating the Effects of Smart Production Systems on Sustainability Elements[J]. Procedia Manufacturing, 2017, 8(13): 731–737.

Wang E T G, Tai J C F, and Grover V. Examining the Relational Benefits of Improved Interfirm Information Processing Capability in Buyer-supplier Dyads[J]. MIS Quarterly, 2013, 37(1): 149–173.

Wang F, Zhao J, Chi M, et al. Collaborative Innovation Capability in IT-enabled Inter-firm Collaboration[J]. Industrial Management and Data Systems, 2017, 117(10):2364–2380.

Wink M. Building Collaborative Innovation Capability[J]. Research-Technology Management, 2006, 49(2): 37–47.

Winter S G. Understanding Dynamic Capabilities[J]. Strategic Management Journal, 2003, 24(10): 991–995.

Wortzel L. Retailing Strategies for Today's Mature Marketplace[J]. Journal of Business Strategy, 1987(8):45–56.

Xue L, Ray G, and Gu B. Environmental Uncertainty and IT Infrastructure Governance: A Curvilinear Relationship[J]. Information Systems Research, 2011, 22(2): 389–399.

Xue M, and Field J M. Service Coproduction with Information Stickiness and Incomplete Contracts: Implications for Consulting Services Design[J]. Production & Operations Management, 2010, 17(3): 357–372.

Yoo Y, Henfridsson O, and Lyytinen K. The New Organizing Logic of Digital Innovation: An Agenda for Information Systems Research[J]. Information Systems Research, 2010, 21(5): 724–735.

Yoon Y K, and Im K S. Evaluating IT Outsourcing Customer Satisfaction and Its Impact on Firm Performance in Korea[J]. International Journal of Technology Management, 2008, 43(1–3):160–175.

Yu W T, Chavez R, Jacobs M A, et al. Data-driven Supply Chain Capabilities and Performance: A Resource-based View[J]. Transportation Research Part E. Logistics and Transportation Review, 2017, 114(2018): 371–385.

Yusuf Y Y, Sarhadi M, and Gunasekeran A. Agile Manufacturing[J]. International Journal of Production Economics, 1999, 62(1): 287–298.

Zhang M, Sarker S. et al. Measuring Information Technology Capability of Export-focused Small or Medium Sized Enterprises in China: Scale Development and Validation[J]. Journal of Global Information Management, 2008, 16(3): 1–25.

Zhang M, Zhao X D, Voss C, et a1. Innovating through Services, Co-creation and Supplier Integration: Cases from China[J]. International Journal of Production Economics, 2016, 171(2): 289–300.

Zhang X J. Inventory Control of Supply Chain Environment[J]. Advanced Materials Research, 2014, 3255(971): 247–288.

德鲁克. 管理的实践[M]. 齐若兰, 译. 北京: 机械工业出版社, 2006.

陈畴镛, 许敬涵. 制造企业数字化转型能力评价体系及应用[J]. 科技管理研究, 2020, 453(11): 53–58.

陈以增, 王斌达. 大数据驱动下顾客参与的产品开发方法研究[J]. 科技进步与对策, 2015, 32(10): 72–77.

迟嘉昱, 孙翎, 徐晟皓. 基于PLS的构成型IT能力量表设计与检验[J]. 中大管理研究, 2013, 8(1): 31–49.

大野耐一. 丰田的现场管理[M]. 北京: 机械工业出版社, 2006: 6–101.

戴浩. 指挥控制的理论创新: 网络赋能的C2[J]. 指挥与控制学报, 2015, 1(1): 99–106.

稻盛和夫. 阿米巴经营[M]. 曹岫云, 译. 北京: 中国大百科全书出版社, 2016.

冯华, 司光禄, 冯弘毅. 公司治理视角下的企业边界分析[J]. 中国工业经济, 2013(3): 85–97.

冯米, 路江涌, 林道谧. 战略与结构匹配的影响因素: 以我国台湾地区企业集团为例[J]. 管理世界, 2012(2): 73–81, 147, 188.

冯泰文, 孙林岩. 新产品开发过程中的外部参与对企业绩效的影响[J]. 管理科学, 2013, 26(2): 28–39.

何小钢. 跨产业升级、战略转型与组织响应[J]. 科学学研究, 2019, 37(7): 1238–1248.

胡海波，卢海涛. 企业商业生态系统演化中价值共创研究：数字赋能视角[J]. 经济管理，2018，40(8)：55-71.

雷巧玲. 授权赋能研究综述[J]. 科技进步与对策，2006(8)：196-199.

雷伟峰. 某生产型企业原材料库存管理研究[D]. 北京：北京交通大学，2009：8-96.

李华，李传昭. 扁平化组织结构下的员工晋升路径问题探讨[J]. 经济师，2004(2)：154-155.

刘亚军. 互联网使能、金字塔底层创业促进内生包容性增长的双案例研究[J]. 管理学报，2018，15(12)：1761-1771.

罗家德，李智超. 乡村社区自组织治理的信任机制初探：以一个村民经济合作组织为例[J]. 管理世界，2012(10)：83-93，106.

罗家德，周超文，郑孟育. 组织中的圈子分析：组织内部关系结构比较研究[J]. 现代财经（天津财经大学学报），2013，33(10)：4-16.

罗仲伟，李先军，宋翔，等. 从"赋权"到"赋能"的企业组织结构演进：基于韩都衣舍案例的研究[J]. 中国工业经济，2017(9)：174-192.

马骋，方维萱，王京，等. 智利铜产业特征与核心竞争力分析：基于修正后的波特五力模型[J]. 中国国土资源经济，2010，23(10)：40-44，56.

马浩. 战略管理研究：40年纵览[J]. 外国经济与管理，2019，41(12)：19-49.

福列特. 福列特论管理[M]. 吴晓波，郭京京，詹也，译. 北京：机械工业出版社. 2013.

波特. 竞争战略[M]. 陈丽芳，译. 北京：中信出版社，2014.

欧阳桃花，丁玲，郭瑞杰. 组织边界跨越与IT能力的协同演化：海尔信息系统案例[J]. 中国工业经济，2012(12)：128-140.

潘善琳，崔丽丽. SPS 案例研究方法 [M]. 北京：北京大学出版社，2016：88-128.

维嘉凯南，艾伯斯坦. 数字时代的领导力 [M]. 钟淑珍，王典娇，译. 北京：电子工业出版社，2011.

钱勇，曹志来. 从脱嵌入到再嵌入：企业组织转型的过程：基于铁煤集团主辅分离改革的案例分析 [J]. 管理世界，2011(6)：116-131.

苏钟海，孙新波，李金柱，等. 制造企业组织赋能实现数据驱动生产机理案例研究 [J]. 管理学报，2020，17(11)：1594-1605.

孙德升. 动态视角下的基本竞争战略模型：对波特的三种基本竞争战略模型的修正 [J]. 当代经理人，2005(4)：6-27.

孙新波，苏钟海，钱雨，等. 数据赋能研究现状及未来展望 [J]. 研究与发展管理，2020，32(2)：155-166.

孙新波，苏钟海. 数据赋能驱动制造业企业实现敏捷制造案例研究 [J]. 管理科学. 2018，31(5)：117-130.

孙中伟. 从"个体赋权"迈向"集体赋权"与"个体赋能"：21 世纪以来中国农民工劳动权益保护路径反思 [J]. 华东理工大学学报（社会科学版），2013(2)：10-20.

西贝尔. 认识数字化转型 [M]. 毕崇毅，译. 北京：机械工业出版社，2021.

王春晖，李平. 政府扶持企业技术创新的政策效应分析 [J]. 科技进步与对策，2012(2)：106-109.

王钦. 人单合一管理学：新工业革命背景下的海尔转型 [M]. 北京：经济管理出版社，2016.

王学勤. 机构知识库建设相关政策研究 [J]. 中国图书馆学报，2007(3)：44-47.

王烨捷. 上海交大呈现多条人才晋升路径 [N]. 中国青年报，2018-6-20(4).

魏江、刘洋. 数字创新 [M]. 北京：机械工业出版社，2020：6-11.

魏炜，蔡春华. 赋能型 VS 使能型，选择哪种生态圈 [J]. 中欧商业评论，2018，4(20)：1-5.

吴梦，白新文. 动机性信息加工理论及其在工业与组织心理学中的应用 [J]. 心理科学进展，2012，20(11)：1889-1898.

吴蓉，顾立平，刘晶晶. 国外学术期刊数据管理规范的调研与分析 [J]. 图书情报工作，2015(7)：99-105.

武亚军. 走向繁荣的战略选择：博雅塔下的思考与求索 [M]. 北京：北京大学出版社，2020：416-441.

夏清华，陈超. 以海尔为案例的中国本土制造企业商业生态重构研究 [J]. 管理学报，2016，13(2)：165-172.

肖静华，吴瑶，刘意，等. 消费者数据化参与的研发创新：企业与消费者协同演化视角的双案例研究 [J]. 管理世界，2018，34(8)：154-173，192.

许建新，侯忠生. 数据驱动系统方法概述 (英文)[J]. 自动化学报，2009，35(6)：668-675.

薛有志，周杰，初旭. 企业战略转型的概念框架：内涵、路径与模式 [J]. 经济管理，2012，34(7)：39-48.

杨华江. 集团公司战略风险管理的理论探讨 [J]. 南开管理评论，2002(3)：56-61.

曾德麟，欧阳桃花，周宁，等. 基于信息处理的复杂产品制造敏捷性研究：以沈飞公司为案例 [J]. 管理科学学报，2017，20(6)：1-17.

曾鸣. 第 12 讲新组织原则：从管理到赋能 [EB/OL]. [2018-8-11] (2021-1-26). https://www.jianshu.com/p/8ed774ea4312.

曾鸣. 赋能：创意时代的组织原则 [EB/OL]. [2020-9-27] (2021-1-26). http://www.chinavalue.net/Biz/Article/2015-10-2/204348.html.

张宁，袁勤俭. 数据治理研究述评 [J]. 情报杂志，2017，36(5)：129-134，163.

张闪闪，顾立平，盖晓良. 国外信息服务机构的数据管理政策调研与分析 [J]. 图书情报知识，2015(5)：99-109.

张瑶，顾立平，杨云秀，等. 外国科研教育机构数据管理规范的调研与分析：以英国 10 所高校为例 [J]. 图书情报工作，2015(6)：53-60.

赵武，孙永康，朱明宣，等. 包容性创新：演进、机理及路径选择 [J]. 科技进步与对策，2014，31(6)：6-10.

周文辉，邓伟，陈凌子. 基于滴滴出行的平台企业数据赋能促进价值共创过程研究 [J]. 管理学报，2018，15(8)：1110-1119.

周文辉，王鹏程，杨苗. 数字赋能促进大规模定制技术创新 [J]. 科学学研究，2018，36(8)：1516-1523.

致 谢

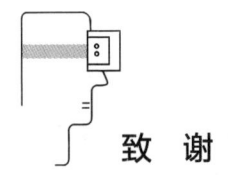

在本书完成的过程中，我得到了家人、老师、同学和朋友们诸多直接或间接的帮助，在此由衷地感谢大家。

首先特别感谢我的家人，尽管他们并不理解我一直在研究什么，但一直都在背后默默地支持我。我还记得自己在全稿完成的第一时间跟哥哥分享了这个消息，并且就几个点跟他做了一个半小时的介绍，我很高兴哥哥对这些内容感兴趣，我想他分享到了我的快乐！

其次，我还要感谢我的老师和同学们给予我的各种帮助和支持。一是我的硕导——东北大学工商管理学院的孙新波教授，老师在我读研究生期间为我提供了很多企业参观和调研的机会，还时不时地接济我颇为窘迫的生活，这使得我能够全身心地投入这个兴趣点，并持续精进。二是我的博导——浙江大学管理学院的魏江教授，在此书后半程的完善、整理、修正过程中，老师百忙之中还拨冗详细评阅初稿并给我诸多修改建议，更重要的是，日常听到老师对诸多问题的思考和见解，对我产生了深刻影响，并使我修缮了本书原有的诸多观点。三是其他很多认识的老师和同学们，大家不遗余力地给予我以鼓励和帮助，不逐一而列。

致 谢

最后，本书诸多案例材料来源于我个人的企业调研和实习经历，这些企业和单位包括：青岛酷特智能股份有限公司、沈阳机床股份有限公司、沈阳新松机器人有限公司、沈阳赛莱默水处理有限公司、神州数码（中国）有限公司沈阳分公司、北京数智源科技有限公司、沈阳华晨宝马汽车有限公司、中美联泰大都会人寿保险有限公司辽宁分公司、中车唐山机车车辆有限公司、武汉茶花女卫生用品有限公司、浙江博泰电子科技有限公司、华清远见教育集团成都分中心、贵州尚层基石管理咨询有限公司、Xylem中国（上海）有限公司、上海眼控科技股份有限公司、杭州林东新能源科技有限公司、杭州海康威视数字技术股份有限公司、杭州微医集团有限公司、浙江正泰电器股份有限公司（以调研和参观时间先后为顺序）。这些企业的调研和参观经历以及诸多企业领导对于数字赋能的理解、疑惑等，让我能够深入了解数字赋能企业创新的影响并尽可能地对其进行探讨。在此，由衷地向这些企业和单位以及相关领导表示感谢！

于此，我想自己仍是浅薄，没有看得更深、更远，我在这本书的完成过程中仅仅是扮演了执笔人的角色，文中所要说明的，早已在企业实践和理论交融中形成或者初见雏形！